사이비종교 문화포교의 위험성
(파룬궁 선원 예술단 공연을 중심으로)

사이비종교 문화포교의 위험성
(파룬궁 션윈 예술단 공연을 중심으로)

오명옥 저

큰샘출판
KEUN SAIM PUBLICATIONS

Contents

제1장 사교극(邪敎劇) 션윈, 파룬궁 이홍지에게 바치는 헌정 공연 · 9

1. 파룬궁 집단 소속 션윈 예술단은? · 9

   1-1. 션윈(神韻)예술단 공연에 대하여?! · 10
   1-2. 션윈(神韻)예술단 공연 내용 · 11
   1-3. 션윈 예술단 공연은 파룬궁 사상 주입 공연이다! · 13

2. 사이비종교 오락물 · 14

3. 션윈 예술단 공연, 교주 이홍지에 헌정 위한 사교극(邪敎劇, Cult Play)! · 14

   3-1. 사이비종교 문화 포교의 위험성(파룬궁 션원예술단 공연을 중심으로) · 14
   3-2. 한중관계 저해되는 공연, 왜 관공서에서 허하나? · 16
   3-3. 제의(祭儀)를 동반한 反정부 정치 집단의 공연! · 17

4. 공연 내용에 교주 이홍지를 창세주, 생불(生佛)로 추앙 · 17

5. 션윈은 교주에게 바치는 헌정 공연 · 18

Contents

제2장 사이비종교 문화포교의 목적 · 21
        종교 문화 콘텐츠가 필요한가? · 22

제3장 창시자의 탄생, 행적과 관련 축제 공연 · 25

    1. 동학과 천도교는? · 25
    2. 증산교는? · 26
    3. 원불교는? · 27
    4. 대종교는? · 28
    5. 금강대도는? · 28
    6. 통일교? · 28

제4장 중국의 종교 · 31

제5장 중국 동북인의 특성 · 35

제6장 사교(邪敎) 파룬궁과 션윈(神韻) 공연에 대하여 · 39

    1. 파룬궁이란 단체는? · 40

        1-1. 스스로 생불(生佛)이라 주장하며 만병 치유한다던 교주 이홍지의 모친이 지난 2016년 8월, 사망 · 41
        1-2. 이홍지는 미국에 여러 개의 부동산을 소유하고 있습니다. · 43

    2. 사교(邪敎) 파룬궁 홍보 기획품 - 션윈(神韻) 예술단 · 45

        2-1. 이홍지, 션윈(神韻)예술단 공연 목적은, 거짓 폭로에 있다. · 45
        2-2. 주류사회 열기 위해 티켓 값 올렸으니, 불만 말고 열심히 팔아라! · 46
        2-3. 션윈 공연 티켓 안 팔리면 신도들 수련 덜 된 탓! · 47

제7장 중국 5천년 역사가 자랑스러운 션원? · 49

1. 교주 이홍지를 창세주, 생불로 믿는 것이 심신수련인가? · 49
   원만 이뤄 천국 간다는 망상! - 천안문 분신 사건으로 재조명
2. 파룬궁 '션원 공연'의 진상 · 51
3. 모 공영 방송국의 공연 취소 · 52
4. 지난 2017년 5월, 〈션원(神韻)예술단 공연을 보고…〉 · 53
5. 션원 공연 보면 구원 받는다? CD로만 봐도? · 53
6. 션원 공연 홍보도 전문적 마케팅 교육 ? 그것도 수련이라~! · 56

제8장 법륜공을 수련하여 병에 걸리거나 불구 혹은 사망한 실례
      (피해사례들) · 59

1. 화북유전의 마건민이 스스로 자살하다. · 59
2. 중경시의 고은성이 고층 집에서 뛰어내려 자살하다. · 59
3. 요녕성의 이품청이 우물에 뛰어들어 자살하다. · 61
4. 길림의 이우림이 목을 매여 자살하다. · 61
5. 강소의 장경순이 병을 치료하지 않아 사망하다. · 62
6. 요녕성의 백상유가 병치료를 거절하여 사망 · 63
7. 강소의 장옥금이 경동맥을 끊어 자살 · 63
8. 하북의 조옥진이 물에 빠져 사망 · 64
9. 하북의 이정이 부모를 죽이다. · 65
10. 강소의 오덕교가 아내를 죽이다. · 66

제9장 각 지역 시청 및 문화회관들에 탄원 · 67
     '탄원'의 내용 · 67

제10장 가상 공간에서의 무제한적 가짜 뉴스 생산해 유포 · 73

제11장 한국과 중국 사회의 비교 · 81

제1장 사교극(邪敎劇) 션윈,
파룬궁 이홍지에게 바치는 헌정 공연

1. 파룬궁 집단 소속 션윈 예술단은?

파룬궁 '션윈(神韻) 예술단원'들은 모두 파룬궁 측 학원인 '비천(飛天) 예술학원' 출신들로 파룬궁 수련생들이다. '션윈(神韻) 예술단원' 모집 광고를 봐도, 모집 대상으로는 "대법제자와 대법제자 친척(대법제자로 될 수 있는 자)에 한 함"이란 통일된 요구가 있다.

이홍지의 2013년 대뉴욕지역법회 설법(李洪志, 2013년 5월 19일)에서도 밝히듯,

"션윈 문제를 좀 이야기하겠다 수련인이 하고 있기 때문에, 표현된 것들은 모두 순선순미(純善純美) 한 것이다.
그뿐만 아니라 강대한 정면적인 수련인의 에너지를 갖고 있고, 원래 대법제자는 중생을 구도하러 온 것이기 때문에, 대법제자가 무엇을 했다 하면

chapter 1

모두 헛되게 할 수 없으며, 모두 사람을 구하는 데 책임을 져야 한다... 션원을 꾸릴 당시에 나는 생각하고 있었다. 션원을 제일이 되도록 하려면 우선 배우들을 양성해야 했다. 그래서 나는 학교를 꾸려 배우들의 문제를 철저하게 해결했다... 내가 션원을 하는 것은 바로 사부가 어떻게 하는지를 보여준 것이다. 그뿐만 아니라 각지의 수련생이 션원을 널리 알리는 중에서 너무 많은 사람을 쓰기 때문에 기타 항목에 영향을 주었는데, 이 일을 개변시켜야 한다. 현재는 이미 아주 많이 바뀌었는데, 작년부터 올해의 쇼에는 그렇게 많은 사람을 쓰지 않았다. 나는 뉴욕지역에 되도록 적게 쓰라고 이미 알려주었다. 80퍼센트 이상의 관객이 모두 광고를 보고 온 것이다. 그러므로 우리는 적은 일손으로 광고를 잘 하기만 하면 된다. 점차 이렇게 할 것이다." 라고 했다.

이홍지가 밝혔듯이 션원 예술단원은 모두 파룬궁 수련생들이다.

1-1. 션원(神韻) 예술단 공연에 대하여?

션원(神韻)예술단: 파룬궁(사이비종교) 소속

단원 양성소: 파룬궁 산하 비천(飞天)예술학원 출신들이다. 모두 파룬궁 수련생들로, 대법 제자들이라 한다. 키 160㎝ 정도에 몸무게 40~45㎏ 정도로나 보이는 남녀 무용수(대법 제자들)들이 각각 15여 명씩, 교대로 등장해 무용을 한다.

션원 예술단 공연 기법: 중화 5천년 문명을 바탕에 두고, 중국 전통 무용을 선보인다고 하나, 배경과 의상 및 음악 등은 중국의 정취를 느낄 수 있으나, 무용은 텀블링, 공중 회전, 점프, 회전 등의 기법을 이용하여 거기에 파룬궁 연공법들이 가미되었다.

1-2. 션윈(神韻) 예술단 공연 내용

　제1부의 시작은 구세정법(救世正法), 즉 창세주가 인간 세상을 만들었다며, 평화로운 세상이 펼쳐지고, 하늘에서 수많은 대법 제자들(파룬궁 수련생들)이 세상으로 내려온다. 이들이 세상을 다스린다.
　이어서 중화 문명은 예로부터 신전(神傳)문화라며 당나라를 황금기로 표현, 궁녀들이 춤을 추는 장면이 연출되고 평화로운 세상에 갑자기 붉은 용이 나타나 괴롭히나 단번에 물리치고야 만다. 그리고 다시 평화를 찾는다. 현재 중국에서 민감하다 싶은 내용들인 티베트, 몽골, 만주족 등 소수민족들의 전통 의상을 개작하여 무늬만 형태를 띨 뿐, 배경 음악이며, 무용은 큰 틀에서 각색된 기법을 동원할 뿐, 전통 무용이라는 인상을 주지는 않는다.

　단련되고 숙달된 기법의 무용들이다. 무던히도 연습하여 탄생한 사상 주입품들이다.

　예술적 감각이나 창작이나 다양하고도 풍성한 내용을 담은 스토리가 있는 예술품은 아니다.
　배경만 중국 색깔을 띨 뿐, 전통 무용이라고 보기엔 너무나 현대적이고, 그렇다고 전혀 '발레'다운 면들도 없다. 궁녀들이 춤을 추고, 남정네들이 힘차게 부채를 펄럭이며 북을 두드린들, 거기에 무슨 내용이 담겨 있는지, 도대체 무엇을 얘기하려고 하는 건 지 알 수 없는 오락이다.

　내용이 있다면, 파룬궁이 탄압을 받고 있다는 것이다. 그것이 중국 역사

chapter 1

와 무슨 연관이 있고, 전통 무용과 무슨 관계가 있는지는 모르겠으나, 중국 공안을 어리바리하고 무능하고 바보스럽게 표현하면서 탈당하는 장면들을 연출하는가 하면, 때로는 파룬궁을 수련하는 여린 여성을 무섭고 과격한 해적같은 공안들이 이리저리 끌고 다니며 폭력을 가하고, 탄압하고 있다는 것을 연상케 하는 장면에서는 이 공연이 참으로 데모 공연이구나 하는 것을 느끼게 한다.

여실히, 탄압받는 여린 여성은 교주 이홍지를 연상케 하는 인물과 수련생들이 등장하여 구해주는 장면을 연출해주고, 끝내는 이홍지를 불상에 덧입혀 우담바라 꽃(상상의 꽃, 부처를 상징)으로 묘사를 한다. 이홍지가 우담바라 꽃으로 피어나는 장면이 대형 스크린을 가득 채우고, 이를 본 관객들(대부분 파룬궁 수련자들)은 함성소리와 함께 열렬한 박수를 보낸다.
파룬궁 집단 소속의 예술단원들의 작품이고, 그 예술단원들 모두 파룬궁 수련생들이다. 관객들도 대부분 수련자들이다.

그렇다면 그 공연은 무엇을 목적으로 하는 공연이겠는가, 본국인 중국 정부를 타국에 와 비방하고, 탄압 받는다는 유언비어를 퍼트리며, 파룬궁을 홍보하기 위한 공연이다.

성악가 나와 노래하는 가사들에서도 파룬궁을 찬양하는 일색이었다. 중국 정부를 붉은 마귀로 비유하며, 결국 세상을 구원하는 것은 파룬궁이고, 파룬궁 교주 이홍지가 창세주라며 찬양한다. 이 창세주가 우주의 법을 바로 잡아준다는 것이다. 거기에 대법 제자들, 즉 파룬궁 수련생들이 쓰임 받는다는 것이고, 결국 파룬궁 수련을 해야만 천당에 간다는 노래를 부른다.

1-3. 션원 예술단 공연은 파룬궁 사상 주입 공연이다!

  공연 작품은 파룬궁 선전 작품 4, 파룬궁 찬양하는 독창 4(여자 2, 남자 1, 여자 1명이 두 곡을 불렀다.), 전통 무용 12 등 총 20작품으로 구성되었다. 무대 뒤 배경에 커다란 디지털 스크린이 설치되었고, 각각의 작품을 위해 준비된 영상물이 뒷 배경을 장식하였다. 남자와 여자 2명의 사회자가 프로그램을 진행하였는데, 남자는 한국인이고, 여자는 중국 한족으로 중국어로 진행하였다. 통역은 남자 사회자가 하였다. 이들은 모든 작품을 일일이 소개하면서 진행하였다. 각 작품은 보통 5분 정도 소요되었다.

  몇 년 전 공연할 당시에도 독창4 작품은 각각의 성악가들이 불렀는데, 그 내용은 주로 파룬궁의 수련을 노래하는 내용이고, <천안문이여, 알려다오>는 파룬궁 홍보용이었다. <창세>를 비롯하여 <귀위> 라는 작품도 파룬궁 수련 여성이 탄압을 받는 장면을 연출하여, 여린 여성을 짓밟는 공권력을 표현하는 작품들이 올려졌었다. 이를 보는 관객들은 충분히 공권력의 부당성을 인식하고 무의식 중에라도 반감을 갖기에 충분했다. 그러나 그것이 사실이라는 증거가 없고, 파룬궁 집단에서만 흘러나오는 풍문에 불과한 것이다. 또한 무용 자체의 예술성이 뛰어나다고 보기에는 무언가 부족한 것처럼 보였다. 이렇듯 무용에 치중한 작품보다는 스토리가 있는 무용 작품들이 공연을 이용하여 악의적 여론을 조성하고 있는 것이다.

  이러한 내용들은 예술이라고 보기 어렵다. 다분히 정치적인 색체가 강했다. 파룬궁에 대해 무지한 관객들이 폭력적인 내용을 보고는 오해할 소지가 다분하다. 예술 표현의 자유 운운할 성질의 것이 결코 아니다.

2. 사이비종교 오락물

사이비종교 오락물을 중국 전통문화라 속이고 있다. 예술적 가치도 결여돼 있고, 전하는 메시지라고는 파룬궁 홍보와 가짜 탄압 주장, 교주 이홍지를 창세주라 칭송하는 부분이다. 교주 이홍지 자신도 "대법 제자의 풍모를 드러내고 … 중생을 구원하고 진상을 알려주는 것"이라고 말했다. 사실 이 공연은 '예술 공연'이 아니라 반(反) 정부 활동을 위한 정치적 도구이다. 이것은 곧 중화 문화에 대한 모독이며 왜곡이며 관중들에 대한 우롱이다.

3. 션윈 예술단 공연, 교주 이홍지에 헌정위한 사교극(邪敎劇, Cult Play)!

3-1. 사이비종교 문화 포교의 위험성(파룬궁 션윈예술단 공연을 중심으로)

사이비종교 단체들에서 포교 효과를 향상시킬 목적으로 축제 문화를 창안해내어 창시자의 탄생(5월이면 파룬궁 교주 이홍지의 생일이다), 득도(得道), 기행(奇行)들을 기념하는 의식과 행사를 치르는데, 이를 공연 문화로 확대해 시행하는 경우들이 있다. 다분히 포교 목적이고, 창시자에게 헌정하기 위한 사교극(邪敎劇, Cult Play)이다. 여기에 사이비종교 문화 포교의 위험성이 내재해 있다.

이러한 종교 단체의 공연은 신(神), 인(人), 만물의 조화 등 종교적 의례가 담겨 있는 것은 물론, 경제적 성취, 신앙 공동체성의 회복과 포교를 목적으로 창안해낸 종단 차원의 축제라 할 수 있다. 외형적으로 보면 그저 평범해 보이나, 그 내부에는 고유한 절대적인 질서가 존재한다. 공연은 질서를 창조하며, 공연 자체가 곧 질서가 되고, 절대적이며 최상의 것이 된다. 그래서 공연은 자칭 신(神)과 인간이 한데 어우러지는 시간이요, 공간이며, 질서 유지를 위한 팽팽한 긴장감이 풀어지는 효과가 생긴다.

공연을 통해 초월성과 내재성을 함께 체험하면서 신앙 공동체로서 거듭나는 존재가 되는 것이다. 그러기에 겉 모습은 예전과 같아 보이지만, 내면은 결코 이전과 같지 않은 더욱 종교적 인간이 되는 것이다.

이 때문에 사이비종교 파룬궁 집단 소속 션원 예술단(神韻·Shen Yun) 공연을 보고 나온 파룬궁 신도들은 굉장한 영력(?)을 받고 나온다고 한다. 그래서 모든 공연마다 재차 관람하는 신도들로 북적이는 것이다. 그러니 단순한 이벤트 적 공연에 불과한 것이 아닌, 종교적 도구로서의 공연이며, 거기에다 경제적 성취를 목적으로 하는 상업적 공연이다. 션원 공연 티켓도 가난한 신도들에게 비싼 티켓 배당해 매매 시키고 있다. 그것도 안 팔리면 신도들의 수련이 덜 된 탓이라고 한다. 창시자의 목적과 일반 신도들과의 목적이 다른 양면성이 있다.

이렇듯 사이비종교 집단에서 대형 행사를 주기적으로 거행하는 이유는 체제 유지를 위한 발판 삼기이다. 이를 계기로 단합을 유도함과 동시에 막대한 금전적 효과를 노린 것이다. 션원 예술단이 매년 한국에서 정기적으로 치른 공연 수익금 만도 10억 원 내외이다.

chapter 1

3-2. 한중관계 저해되는 공연, 왜 관공서에서 허하나?

중국 사이비종교 "파룬궁" 집단 소속, '션윈 예술단' 공연이 전국 각 지역에서 순회 공연을 펼친다. 그것도 관공서 운영 문화예술회관들이다.

문화예술회관은 각 지역 지자체에서 지역 주민들에게 문화 향수의 기회를 제공하는 것은 물론 창조 활동의 장을 마련하여 지역 문화 창조의 거점 공간으로 활용할 목적으로 건립(국고지원 포함)한 것으로 시청에서 운영한다. 그래서 직원들도 행정직 공무원들이 대부분이다.

지난 2018년 션윈 공연에서는 중국에서 생체장기적출 한다는 허위 사실을 담은 장면이 재현되었다. 사실이 아니다! 오히려 그것을 반대한다. 그런데 왜, 그런 장면을 연출하는가? 파룬궁은 반정부 정치 조직으로 해외에서 조국의 명예를 실추시키고 비방할 목적으로 활동하고 있다는 방증이다.

파룬궁 집단 소속 션윈 예술단 공연은 이러한 정치적 메시지를 효과적으로 전파하기 위해 한국의 공 기관을 이용하고 있는 것이다. 이를 위해 모 공영 방송도 이용하려 하였지만 불발된 경우도 있었고, 부산 지역에서도 받아들이지 않은 선례가 있다.

션윈이 중국 5천년 역사의 전통 문화를 알린다고 선전하지만, 실제 공연에서는 사교(邪敎) 선전, 반정부 정치적 메시지 전파가 담겨 있다. 이 때문에 한중관계에도 아무런 도움이 되지 않는다.

이러한 내용이 순수 문화예술 창달을 위해 설립된 공기관 예술회관에서의 공연으로 합당한가?

3-3. 제의(祭儀)를 동반한 반(反) 정부 정치 집단의 공연!

파룬궁의 션윈 예술단 공연 같은 제의(신격화 된 교주 찬양, 칭송)를 동반한 공연이 연희자 중심의 그들 만의 축제에서 더 나아가 대중 앞에 선보이는 이유는 포교 목적, 신도들의 단합력 유도 통해 체제 유지 위한 발판 삼기, 막대한 금전적 효과를 노리는 경우들이 일반적이다.

그런데, 파룬궁 집단은 거기에 덧붙여 반 정부 활동 위한 정치적 목적도 포함되어 있다는데 문제의 심각성이 있다. 즉, 제의(祭儀)를 동반한 반정부 정치 집단의 공연이다!

또한 대중은 축제 문화 행사를 통하여 문화 욕구 충족을 요구하지, 종교가 가담해 문화를 이용한 포교 및 경제적 이익 추구 행위는 거부한다. 그런데 션윈예술단 공연에는 신앙적 숭배 대상을 추앙하는 내용이 담겨 있다. 이는 무의식적으로 관람하는 중 파룬궁 수련을 강요받게 되는 것이나 별반 다름이 없다.

파룬궁 집단의 션윈 공연은 그들이 추앙하는 신(神)에게 바쳐진 놀이라고 할 수 있다. 그러니 일반 관공서 운영 문화예술회관에서 공연되어질 하등의 이유가 없는 것이다.

4. 공연 내용에 교주 이홍지를 창세주, 생불(生佛)로 추앙

사이비종교 파룬궁 집단의 핵심 교리는 다음과 같다.
 * 이홍지, 대법(大法)이 우주 만물을 창조했다, 창세주 주장!

chapter 1

* 이홍지, 내가 제3차 대전과 종말을 막았다 주장!
* 이홍지, 생불(生佛) 주장!
* 이홍지, 나의 본질은 삼위일체(三位一體)이다!
* 예수는 천상에서 내려와 환생(윤회)한 것이다. 마(魔)가 내려온 것이다?
* 이홍지가 수명을 2년 더 연장해줬고, 망자(亡者)를 살려냈다 주장!
* 이홍지가 날씨/기상도 좌지우지 한다 주장!
* 파룬궁 수련해야만 천국 간다. 기독교에는 구원 없다 주장!
* 일체 중생 구원자는 나, 이홍지다!
* 심신 수련보다 사이비 병 치유가 목적! 이로 인해 응급실행 신도도 발생!
* 육체영생 주장!

사회적 문제들도 지속되었다. 가출, 이혼, 자살, 살인, 방화, 정신 이상... 뿐만 아니라 파룬궁 집단 신도들의 위장 난민신청 다수, 집단 내 불법 체류자도 묵인!

파룬궁은 사이비종교인 것은 물론, 반정부 정치 조직이다. 이러한 집단 소속 선원 예술단 공연이 한국 관공서들이 운영하는 문화예술회관에서 공연되어지는 것은 양국관계에 전혀 도움이 되지 않을 뿐더러, 순수 문화예술 창달을 위한 목적에도 저해된다.

5. 사이비종교 교주에게 바치는 헌정 공연

종교를 빙자해 허황된 교리를 설파하는 동시에 반사회적 일탈로 물의를 일으키는 사이비종교 집단들에서 매년 정기적으로 대형 행사를 치르는 목적은 교주 찬양, 세 과시, 단합 유도, 체제 유지위한 목적 등이다.

이는 대부분의 사이비 집단들에서 행해지고 있다. 애초에 관계 중심의 집단 공동체 생활로 시작하는 경우, 공통의 관심사를 가지고 교리적 동질감으로 무장되어 있는 끈끈한 결속력으로 묶여 있기 때문에, 일인 설립자, 창시자가 있고, 규모와 조직이 형성되어 있으면 집단 유지를 위하여 매 번 정기적 행사를 통해 견고한 지탱 점을 다지려 하는 것이다.

제2장 사이비종교 문화포교의 목적

한국에서는 21세기에 접어들면서 축제 문화가 봇물처럼 양산되었다. 여기에 신흥 종교들이 자체 공동체 형성에 기여해 보려는 의도로 대중들에게 축제 문화로 접근하여 포교 효과를 향상시킬 방안을 강구하였다.

이를 위하여 창시자를 기리는 기념일(탄생일, 득도일, 행적, 사망일)을 축제 문화로 발전시켜 보려 하였다. 물론 축제의 본질은 신앙 공동체가 추구하는 제의와 놀이 문화가 결합된 것으로, 창시자의 정신을 이어받은 소속 단체로서는 명절과도 같은 행사였다.

때문에 일반 대중으로 하여금 문화적으로 질적 향상된 삶을 향유할 수 있도록 안내하려는 의도가 있다고 보기는 어렵다. 단지 그 종교의 사상과 문화를 압축적으로 표현한다 뿐이지, 그것이 사회에 어떠한 영향을 미칠 수 있는 중요 요소가 되지는 못했다.

chapter 2

종교 문화 콘텐츠가 필요한가?

현재 한국은 각종 문화 축제(문화 행사)들이 범람하고 있다. 가히 축제의 홍수 시대를 맞고 있다. 특히 웰빙을 구가하는 21세기에 접어들어서 지방 자치 단체들의 자주, 자치, 의식 고취와 더불어 국민들의 문화적 욕구를 채워주기 위한 향토 축제 문화들이 우후죽순처럼 양산되고 있다.

이에 편승해 종교 단체들에서도 제의와 놀이문화를 겸한 문화 공연에 상업성을 덧입혀 유흥을 강조하며 물질적 본능 충족을 노리고 있는 것이다.

이런 현상은 비효율적 축제 문화로 연결될 위험성을 안고 있다. 또한 신앙 공동체의 유지 존속을 위한 포교 목적의 공연 문화는 결국 물성적 공동체로 나아가 변질되는 양상을 보일 수도 있기 때문에 대중의 외면을 당하기에 충분하다.

대중은 축제 문화 행사를 통하여 문화 욕구 충족을 요구하지, 종교가 가담해 문화를 이용한 포교 및 경제적 이익 추구 행위는 거부한다. 그래서 대개 자체 행사로 끝나는 경우들이 다반사이다. 왜냐하면 대부분의 내용들이 신앙적 숭배 대상을 추앙하는 것들이기 때문이다. 결국, 그들이 추앙하는 신(神)에게 바쳐진 놀이라고 할 수 있다.

종교가 사회 변화의 중심축으로 선도적 역할을 하는 시대는 지났다. 세속화의 심화로 인본주의적 문화와 축제가 증가하고 득세하고 있기 때문에 종교 문화 콘텐츠는 외면당하기 일쑤다.

종교 사상이 대중들에게까지 지평을 넓혀나가기 위해서는 종교성이 제한, 순수 예술로 다가가야 한다. 하지만, 대개의 종교 단체들에서의 그러한 축제 문화는 다분히 개벽의 이념이 담긴, 포교 목적의 공연들이다.

종교 집단에서 행하는 축제 공연은 당연히 제의가 포함되어 있다. 즉, 신에게 지극 정성을 다하여 제물을 바치고 위함으로써 신령과 화해를 통하여 삶의 조화와 질서를 회복하려는 것이다.

종교 단체의 놀이문화에는 종교적 의례에 그 기원을 두고 있다. 외형적으로 보면 놀이와 제전의 차이는 없으나 그 내부에는 고유한 절대적인 질서가 존재한다. 놀이는 질서를 창조하며, 놀이 자체가 곧 질서가 되고, 놀이가 요구하는 질서는 절대적이며 최상의 것이다. 놀이가 갖는 질서와의 깊은 내면적 관계가 놀이가 갖는 미학의 영역이다. 그래서 축제는 신과 인간이 한데 어우러지는 시간이요, 공간이며, 질서 유지를 위한 팽팽한 긴장감이 놀이에서 풀어지는 효과가 생긴다. 이는 자신들의 군중심리 발로이지, 절대적인 것은 아니다.

그리고 축제를 통해 초월성과 내재성을 함께 체험하면서 신앙 공동체로서 거듭나는 존재가 된다.
겉 모습은 같아 보이지만, 내면은 결코 이전과 같지 않은 더욱 종교적 인간이 되는 것이다.
그러한 축제 문화, 즉 공연을 통해 종교적으로 참여하며 일상의 지속에서 벗어나 공연 축제 그 자체에 의하여 재연된 신화적인 시간에로 복귀하는 것이다.

이처럼 종교 집단의 축제 문화는 신격화 된 대상과 세속과 구별되는 성

chapter 2

스러운 시간과 공간 및 삶의 질서 회복을 목적으로 한다. 축제는 일상과 다른 구별되는 시공간이기에 제의를 통하여 시간이 과거로 돌아갈 수 있고, 반복이 가능한 시간이 될 수 있는 특징을 갖는다. 환언하면, 이런 특징을 잃게 되면 참된 종교 축제라 할 수 없는 것이다.

이렇듯 제의를 동반한 축제 문화는 연희자 중심의 그들 만의 축제라 할 수 있는 것이다. 공연의 참된 본질적 내용을 알지 않고서는 참여자 모두가 하나되는 축제는 아니다.

거기에다 경제적 성취를 목적으로 하는 상업적 공연 축제로 전락하여 결국에는 이벤트적 축제 공연에 불과하며 종교적 도구로서의 축제인 것이다.

그러니까, 종교 단체의 공연의 본래적 기능은 신, 인, 만물의 조화, 경제적 성취, 신앙 공동체성의 회복과 포교를 목적으로 창안해낸 교단 차원의 축제라 할 수 있을 것이다.

사이비종교 집단에서 대형 행사를 주기적으로 거행하는 이유는 체제 유지 위한 발판 삼기이다.
이를 계기로 단합 유도, 막대한 금전적 효과까지 노린 것이다.

제3장 창시자의 탄생, 행적과 관련 축제 공연

파룬궁 창시자 이홍지의 탄생, 행적을 기념하기 위한 의례와 문화 행사가 곧 션윈 예술단 전국 순회 공연의 근본 목적이다.

1. 동학과 천도교는?

한국 신종교 효시가 된 동학 천도교에서 최제우 탄생일은 1824년 10월 28일이다. 이 날은 신도 가정에서 지내는 저녁 9시 기도식에서 간단히 탄생 축하 의식을 갖는다. 그러나 탄생 100주년 및 150주년을 맞이하여서는 큰 기념 행사를 가졌다.

득도일은 가장 큰 명절로 기념된다. 1860년 경신년 음력 4월 5일이 득도일인데, 손병희 체제 이후로 양력 4월 5일에 기념하여 오고 있다. 이를 천일기념일이라고 부른다. 이 날을 특별히 기념하는 이유는 신도들이 최제우의 육신을 섬기는 것이 아니라 그가 깨달은 도를 존중하기 때문이다. "도는 마음으로 믿는 것이 정성이 된다." "나를 믿지 말고 하늘님을 믿어라. 네 몸에 계신 하늘님을 찾아라."는 가르침을 따라서 창시자의 자연인으로서의 외형을 중시하기보다는 그가 얻은 진리를 존중하고 모신다.

사망 일인 3월 10일에는 제사를 지내는데 청수 한 그릇만을 바친다. 그리고 창교 당시부터 많은 박해를 받아왔고, 그 당시 시대 분위기가 놀이문화에 관심을 갖지 않았던 상황이어서 지금도 특별한 축제 문화 행사를 하지 않고 있다.

단지 준비위원회가 계획하는 대로 특별한 프로그램(연극, 사물놀이, 합창 등)을 공연하는 때도 있다. 대중적 차원의 축제 문화에 대해서는 고려하고 있지 않는 상황이다.

2. 증산교는?

대순진리회에서는 강증산의 탄생일(1871년 음력 9월 19일)에 특별한 탄생 기념 치성을 지낸다. 그리고 화천(사망)한 날(1909년 음력 6월 24일)에는 화천 기념 치성을 지낸다. 득도일(1901년 음력 7월 7일)은 굳이 치성을 안 지낸다. 왜냐하면 이미 도의 실체로 강림한 생이지지 하는 분이기 때문에 득도라는 말 자체가 부적절하기 때문이다.

그 날을 기념하는 것을 그 날이 천지대도를 대중들에게 본격적으로 전파하기 시작하는 날로서의 의미를 갖기 때문이다. 치성 제의 후에 따르는 특별한 문화 행사는 없어서 축제라고 보기에는 부적당한 실정이다.

강증산의 탄생이 '최제우의 예언에 따른 것'이라는 전제를 하는 증산도를 대전 본부에서 성탄 대치성을 지낸다. 그러나 신도들 중심의 축제 문화 한계를 갖는다.

각 도장 별로 득도일 기념 치성을 드린다. 그리고 본부에서 사망(어천)

대치성을 지낸다. 대치성에서 제사 형식은 동일하지만(의례+종도사와 종정의 특별 메시지) 문화행사(연극, 국악 공연 등)는 해마다 다르다. 대중 일간지 신문에 행사 내용이 소개된다. 많은 도서가 출판되었으나 축제 문화를 소개하는 특별한 책자는 아직 없는 실정이다.

3. 원불교는?

원불교에는 4축2제, 즉 4대 경축일과 2대 제사일이 있다. 4대 기념일은 양력 1월 1일, 음력 4월 8일(불교 석가 탄신일), 양력 4월 28일(26세 되던 1916년 음력 3월 26일, 새벽에 득도한 것을 기념하는 대각개교절), 양력 8월 21일(1919년에 간척 사업을 끝낸 후에 9명의 제자들이 무아봉공의 삶을 살기로 다짐한 백지혈인 등이다. 2제는 창시자가 열반에 든 양력 6월 1일과 각종 명절들을 한데 모아서 간소하게 의례를 지낸 날로써 양력 12월 1일이 있다. 이 날에 신도들은 간단한 제사를 지낸다.

창시자 탄생일(1891년 5월 5일 탄생 기념)에는 특별한 의미를 두지 않는다. 자연인보다는 법을 얻은 인간을 중시하기 때문이다.

득도일(4월 28일)에는 대각개교절을 기념하는 큰 행사를 한다. 익산 중앙총본부에서 준비위원회가 프로그램을 진행한다. 일부러 제사를 지내고 그 다음에 간단한 합창이나 음악회 등을 준비한다. 이 날은 주로 신도들이 대거 참여하지만 일부 외부 인사들이 축하객으로 참가한다.

그런데 특이한 것은 대각개교절과 어린이 날 사이에 특정 날짜를 선택하여서 '아하! Day' 축제 문화를 갖는다. '아하!'는 창시자가 깨달음을 얻고서 감탄하였던 의미를 재현하는 것이다.

적당한 주말을 지정하여서 탄력적으로 운영한다.

4. 대종교는?

대종교에는 중광절, 가경절, 개천절, 어천절 등의 4대 경절이 있다.
나철의 탄생일에 대한 특별 기념 행사는 없으며, 득도일 대신에 나철이 1919년 음력 1월 15일, 중광절에 대종교를 창시하고 포교활동을 전개한 날이 기념되고 있다.

5. 금강대도는?

대성사 금강대도 1세 도주 토암 이승여 대성사 탄생(1874년 음력 5월 19일) 및 연화대도 서자암(1884년 음력 11월 25일) 탄생을 축하하는 기념 의식이 있다. 그리고 작은 규모의 문화 행사가 진행된다.

6. 통일교는?

통일교에는 여러 기념일들이 있으며, 그 중에서 특별히 8대 명절이 있다. 통일교 명절 기념에는 제의(예배)에 이어서 축제문화 행사가 거의 빠지지 않고 정기적으로 진행된다. 연중으로 행사가 많이 진행되므로 이를 위하여 특별히 문화부가 본부에 설치되어 있다.
창시자 부부의 탄생 일이 음력 1월 6일로 동일하여 '참부모 탄신일'로 기념된다. 탄생일 기념 행사는 1959년부터 본격적으로 시행되었다.

이렇듯 성스러움을 중심한 공연에 상업성과 여흥 중심의 축제라 할 수 있다. 포교 효과를 노린 축제 문화를 창안해 낸 것이다.

원불교는 대각개교절 전후로 진행하는 '아하! Day'가 축제 문화적 특징을 갖고 있고, 대종교의 경우는 개천절 행사에서 주민과 화합하는 축제 자리를 만들고 있다. 금강대도의 경우에 탄생 축하 기념 행사에서 2대 도주가 가르쳐 준 특별한 가무를 연출하고 있으며, 통일교는 여러 가지 명절에 제의와 놀이 문화를 함께 진행하여서 대체로 본래적 축제 문화의 모습에 근접하고 있으며 다문화 축제를 병행하고 있다.

  사이비종교 파룬궁 집단에서 매년 행하는 행사들도 창시자 이홍지의 생일을 전후로 기념하여 행해지고 있다.

제4장 중국의 종교

중국은 도교, 불교, 이슬람교, 천주교, 기독교 등 다양한 종교가 있는 국가로서 신자가 무려 1억 이상에 달한다. 중국에서 공민은 종교를 신앙할 수 있고, 신앙하지 않을 수 있으며 모든 정상적 종교활동은 헌법의 보호를 받는다. 불교, 이슬람교, 천주교, 기독교, 도교는 제각기 자체의 전국적, 지방적 조직을 갖고 있으며 종교 사무를 독립 자주적으로 관리한다. 중국의 종교 단체와 종교 사무는 외세의 지배를 받지 않는다. 하지만 사회주의 국가들이 대개 그러하듯 그 자유에는 한계가 있다. 특히 문화혁명 과정에서 사원, 교회 등이 홍위병(紅衛兵)에 의해 공격받아, 모든 종교활동이 이루어지지 못하였다. 그러나 중국의 개혁 이후 종교도 과거에 비해 활발한 추세를 보이고 있다.

중국의 종교는 제도화, 조직화 되어 있다기 보다는 일반 대중의 일상 생활 속에 융해되어 있다. 현재 중국에는 적지 않은 불교, 이슬람교 사원과 기독교 교회가 있지만 그 종교적인 역할은 미미한 이유도 그 때문이다. 모택동 사망 이후 중국 정부는 문화혁명 이후 폐쇄되었던 여러 사원의 종교 활동을 허용하였다고는 하나 아직까지 모든 종교활동은 엄격히 통제하며 승려 가운데 상당수는 관리인이라고 한다. 오늘날에는 향과 종이돈을 태우거나 불상 앞에서 예배드리는 모습을 흔히 볼 수 있다.

중국인들은 매우 현실적이다. 그들의 종교는 신 중심이라기 보다는 윤리적이며 이론적이라기 보다는 실제적이다. 중국의 전통적인 민간 신앙은 도교, 유교, 불교 등 기원이 다른 세 가지 종교와 고대의 애니미즘이 뒤섞인 것이라고 할 수 있다. 도교는 인간이 우주와 조화를 이루며 살아가는 방법을, 유교는 정치와 윤리를, 불교는 사후의 문제를 가르친다. 도교는 전래의 애니미즘이 가미된, 중국의 유일한 자생 종교이다. 불교는 인도에서 전래된 종교이고, 유교는 종교라기 보다는 생활에 가깝다. 중국에는 도교, 불교, 유교 등 세 가지 종교가 있다고 말한다면 그것은 중국인의 전통적인 종교생활을 지나치게 단순화한 성급한 판단이 될 것이다.

중국 종교의 첫째 단계는 애니미즘이고, 다음 단계는 과거의 인물(신화적인 인물은 물론, 실존 인물까지 포함해서)의 숭배이다. 이 위에 대중적인 도교, 대승불교, 유교 등이 겹쳐진 것이 바로 중국의 종교이다. 오늘 날에는 이슬람교와 기독교는 물론 마르크스-레닌주의와 모택동 사상의 영향까지도 찾아볼 수 있다.

중국 종교의 또 한 가지 특색은 다신 숭배이다. 부처, 공자, 노자 이외에도 중국인들은 수많은 남녀 신들을 가지고 있다. 중국의 민간 신앙과 관련된 어휘 가운데 가장 중요한 개념은 복(福)이다. 중국인들이 풍수를 중시하는 것도 다름 아닌, 복을 받기 위한 것이다. 그들은 출입문이나 조상의 무덤 따위의 위치가 자신의 미래를 좌우한다고 여긴다.

중국의 도교는 중국에서 탄생된 종교로서, 약 기원전 2세기에 형성되었다.

기독교는 16세기 이후 들어와 전파되어 기독교와 천주교는 중국에 유입된 시간이 불교나 이슬람교보다 짧고 영향도 작은 편이다. 중국의 기독교는 강권과 불평등 조약을 수반하였고, 아편전쟁과 의화단운동 등 수 백여 차례의 사건들로 중국으로 하여금 국민이 궁핍해지고 국가 재정을 파탄에 이르게 하였으며, 기독교의 사랑의 교리는 현실 생활에서 증오와 아픔만을 남기게 되었다고 인식되어 있다.

불교는 기원전 1세기에 중국에 유입, 기원전 4세기에 광범히 전파되기 시작하여 점차적으로 중국에서 영향이 가장 큰 종교로 부상했다. 실크로드가 개설되고 동서 교통에 의한 통상 교역이 확대 됨에 따라 실크로드의 상인들과 함께 점차 중국에 전파되었다.

유교는 한무제에 의해 국교화 됨과 함께 관료지배의 정치이념으로 발전하게 되며, 도덕경세(道德經世)의 학문인 유학(儒學)으로 발전하게 되고, 그 종교적 역할은 희박하게 되었다.
이슬람교는 7세기에 중국과 무역을 하며 정착을 했다.

중국인들의 종교관은 천지 우주 간에 있어서 사람의 위치와 밀접한 관계가 있다. 중국인에게 천인합일은 최고의 이상이며 인간이 그것과 조화를 이루는 것을 최고의 가치로 보았다.

chapter 4

　그래서 종교에서도 중심은 사람이다. 즉 중국에서의 종교란 인간과 인간 간의 관계에 불과하다. 사람이 사람을 믿고 섬기는 것이다. 앞의 사람은 살아 있는 사람이고 뒤의 사람은 죽은 사람, 곧 조상인 셈이다.
　중국 사람들에게 있어 조상은 가족과 죽은 자와의 관계를 말한다. 그래서 늘 조상과 유기적인 관계를 맺고 있는데 재미있는 것은 혹 병이라도 나면 먼저 조상의 위패부터 살피곤 했다. 위치가 잘못되었는지, 불효를 했는지를 반성했던 것이다.

　인간 간의 조화는 더 나아가 자연과의 조화로 안전하게 되는데 여기에는 천(天)지(地)신(神)귀(鬼) 등 초자연이 모두 해당된다. 특이한 것은 중국인의 귀신 관념은 인본주의(人本主義)라는 데에 있다. 유가의 성현이든 도교의 신선이든, 아니면 불교의 보살이나 귀신 등은 모두가 인격화되어 있다. 그래서 사람과의 관계가 한층 밀접해지며 부탁도 가능하게 되는 것이다.
　그러므로 중국 사람들이 귀신을 대하는 것은 기본적으로 인간관계의 연장에 불과하다. 이는 기독교에서 하나님을 창조주로, 예수를 구세주로 믿는 사람은 예배만 가능할 뿐 그 이상은 불가능한 것과는 다르다.

　이처럼 중국에서의 종교란 조상, 즉 인간을 섬기는 종교가 일찍부터 뿌리를 내렸으므로 우리가 말하는 종교는 그다지 성행하지 않고 있다. 가장 성행했다는 불교도 그들이 주장하는 내세관이나 윤회론이 조상 섬기는 것과 흡사했으므로 수용이 가능했을 뿐이다.

제5장 중국 동북인의 특성

중국 사이비종교들은 대개 동북 3성 지역에서 발생하는 경우들이 많았다. 파룬궁도 마찬가지이다. 그렇기 때문에 그 지역 민들의 피해가 가장 심각했고, 그것이 곧 해외로까지 이어지게 되었다. 때문에 중국 동북인들의 특성에 대해 알아보고자 하는 것이다.

동북인은 '먹는 것은 광동에서, 노는 것은 대련에서, 입는 것은 하얼빈'이라는 말을 사용했다. 하얼빈 사람들은, 특히 청년들과 지식인들은 자신에게 잘 어울리는 옷이나 모자를 입고 쓰기 좋아한다. 그들에게 유명 상표인가 비싼 것인가는 다음 문제이다. 개성을 추구하는 점은 유럽인과 비슷하다. 대련인은 아름다운 의복을 탐낸다. 아름답기만 하면 무조건 사서 입는다. 그것이 어떤 스타일이든 상관없이, 장춘인은 유명 상표만을 알아줄 뿐이다.

먹고 노는 것도 다르다. 다양한 원인의 영향으로 인해 동북의 요녕, 길림, 흑룡강인들은 인상이 다르다. 남방인과 북방인 만큼이나 커다란 차이

chapter 5

가 나는 것은 아니지만, 만일 동북지방의 도시에 가 보면, 이러한 미세한 차이를 느낄 수 있다고 한다. 하얼빈인들은 건장한 체격에 그 어떤 비바람도 두려워하지 않는 인상을 지니고 있다. 심양인은 균형이 잘 잡혀 있는 체형에 목이 좀 길다. 황금 분할로 나눈다면 가장 균형이 잡혀 있어서 모델로 나가는 기회가 많다. 장춘인은 사납고 우둔한 모습이다. 이러한 차이점이 있지만, 동북인은 호방하고 두려움이 없으며 순박하고 솔직한 성격을 지니고 있다. 이것은 역사적, 지리적으로 동북인의 핏속에 흘러내려온 성격이다. 이 점이 남방인과 동북인의 가장 크게 다른 점이고, 동북인을 동북인답게 만들고 있다.

상대적으로 동북 지방 여자는 남방 지방 여자보다 난폭하고 자유분방하며 예절에 구애받지 않는다. 야만적으로 보이기도 하지만 동북 토착의 생활 환경과 생활 방식이 배경으로 자리잡고 있다. 하지만 집에서는 현모양처라고 한다. 동북인의 호기는 말하고 싶은 대로 말하고, 부딪치고 싶은 대로 부딪치고, 하고 싶은 대로 하는 이 세 가지의 용맹성과 과감성 때문에 사람들은 동북인을 두려워한다. 동북인의 용맹은 중국에 널리 알려져 있으나, 동북인이 아무에게나 욕을 하는 것은 경시되고 있다. 동북인을 자세히 보면 실제로 남자는 싸움을 잘하고 여자는 욕을 잘한다. 역사상 동북인은 비록 구성이 복잡하고 각양각색의 사람이 모였지만, 욕하는 기술은 그다지 세련되지 않았고 풍부하다 할 수 없으며 언어 표현도 부족한 편이었으나, 산동인이 유입된 이후 동북인의 욕하기가 특색을 띠게 되었다고 할 수 있다. 실제 언어 사용에 있어서 동북인의 부정적 뿌리는 상당 부분 산동 이주민인 동북인에게 그 연원이 있다.

동북의 사내들은 본래 기골이 장대하고 호탕하다. 이러한 풍모는 술 마실 때 잘 드러나는데 고기가 물을 만난 듯 아주 장관이라 한다. 그들은 일하기를 싫어하고 이런 풍류를 즐긴다. 동북인들은 매일매일 진탕 먹고 마시지 못하는 것을 한스럽게 여긴다. 매년 명절을 지낼 때면 굉장하다고 한다. 개혁 개방 이후 동북인들은 그들이 반성해볼 기회가 있었다.

　동북인들의 낙후되고 경직된 관념은 그들의 행동에서 많은 기이함과 불가사의를 드러낸다. 개혁 개방 이래 상품이 물밀 듯이 들어오는 기세를 막을 수 없었다. 그러나 동북은 실정에 어두웠고 조금도 동요하지 않고 마치 세상의 모든 일이 자신과 관계 없는 듯이 여겼다. 마음이 느긋하고 대담한 동북인들은 商이란 글자 앞에서는 소심해지며 놀란다.
　하루 빨리 누습에서 손을 씻고 최대의 정력을 경제 건설에 투자하여 동북의 위풍을 재현해야 한다. 이것이야 말로 동북인의 진면목이라 할 수 있다.

제6장 사교(邪敎) 파룬궁과 선원(神韻) 공연에 대하여

사이비종교 파룬궁 집단 개략 소개

※ 단 체 명: 파룬궁(법륜공(法輪功), 파룬따파(法輪大法, 법륜대법))
※ 설 립 자: 이홍지(李洪志, 중국 길림성, 한족) 1992년 설립
※ 생년월일: 1952년 7월 7일, 이후 석가모니 탄생일인 음력 4월 8일로 생일 위조하여 1951년 양력 5월 13일로 변경
※ 병력(病歷): 1984년 7월 8일, 이홍지 급성 맹장염으로 입원 치료 받음 –신도들에게는 병은 업력(業力), 나쁜 기(氣)가 원인이므로 치병을 위한 병원치료, 약물 복용 금함
※ 후 계 자: 딸 이미가(李美歌) 예상
※ 한국 조직: 회장 권○대, 부회장 최○정, 박○원, 대변인 오○열, 신당인(NTD Television, 新唐人电视台 / 新唐人電視臺 파룬궁 방송국) TV 대표 원○동
※ 각 지부: 서울 마포구 공덕동 소재 한국 파룬따파불학회 外 전국 10

chapter 6

여 곳의 학습장(법원 직원 관사, 사택, 오피스텔, 사무실 개조 등)

※ 학습장 인원: 각 곳마다 평균 10~15명
※ 연공 장소: 전국 270여 곳
※ 신도 수: 전국 1,300여명 내외

1. 파룬궁이란 단체는?

파룬궁이란 단체는 중국 길림성에서 태어난 교주 이홍지(중국 한족 신분)가 유교·불교·도교의 사상들을 혼합하여, 기공 수련 단체로 시작하였으나, 이후 본인이 생불(生佛) 즉, 살아 있는 부처이고, 파룬궁 수련을 하면, 어떠한 불치병, 난치병도 치유될 수 있으니, 병원에 갈 필요 없다, 약도 먹을 필요 없다, 가난에서도 벗어날 수 있다, 세상 종말이 왔을 때, 파룬궁 수련자들만 살아 남아 천국에 간다, 예수 그리스도, 부처, 마호메트는 다 실패했고, 가장 고층차에 있는 자가 바로 파룬궁 교주 이홍지이다. 파룬궁 수련자들은 어떠한 어려운 상황 가운데 처해져도 이홍지의 불신(佛神)이 와 도와준다며 교주를 신격화 하며 섬기고 있는 사이비 종교이다. 이홍지는 자신이 생불(生佛)이라며, 자신이 태어난 일시를 부처의 탄신일과 같은 날로 변경까지 한 사람이다.

중국에서 발생되어 한국에는 1990년대 말부터 전파되어 현재까지 전국에서 활동하고 있다. 실제 한국인들 중 말기 암 환자, 간경화... 등의 질환자들이 파룬궁 수련만 하면 나을 수 있다며 병원 치료를 거부하고 약도 먹지 않아, 가족들의 안타까운 제보들이 있었고, 결국 사망한 사태도 있었다.

1-1. 스스로 생불(生佛)이라 주장하며 만병 치유한다던 교주 이홍지의 모친이 지난 2016년 8월, 사망

지난 2016년 8월 24일, 사이비종교 파룬궁(法輪功)의 교주 이홍지(李洪志)의 모친 노숙진(芦淑珍)이 미국 뉴욕에서 사망하였다.

이홍지는 "우주의 주세불", "창세주"라 자칭하면서 항상 "나는 병을 치유할 수 있다. 그러니 내가 병 치료해줄 때, 달리 병원에서의 진료할 필요가 없다. 그저 나의 눈빛으로 보기만 하여도 …… 그 어떠한 병일지라도 치료할 수 있고, 또한 완치시킬 수 있다"라고 거짓 주장을 했다. 이러면서 그는 제자들에게 병에 걸리더라도 약을 복용하거나 의사에게 검진 받지 말라고 한다.

그러나 지난 2016년 8월, 모친의 사망으로 인하여, 그의 이러한 주장들이 모두 거짓이고, 이단 사설에 불과하다는 것이 증명되었다. 이러 함에도 그는 계속하여 세상 사람들을 속이기 위해 노숙진(芦淑珍)이 사망한 후에도 줄곧 이 소식을 외부에 알려지는 것을 차단 봉쇄하고 비밀에 붙이면서 어머니의 장례를 얼렁뚱땅 마무리해버렸다.

이홍주 교주의 모친 노숙진은 길림성 장춘시 사람으로서, 1928년 10월에 출생하였고, 1951년 남편 이단(李丹)과 결혼하여, 이듬 해 7월 7일에 아들 이홍지를 낳았다(아명은 소래자(小來子)라 함). 전하는 바에 의하면, 노숙진은 자녀들을 양육할 때, 다른 사람들을 해치거나 피해를 주는 행위를 하지 못하도록 가르쳤다고 한다.

chapter 6

이홍지의 여동생 이평(李萍)의 전 남편 공삼륜(쿵선륀, 孔森倫)의 증언에 의하면, 노숙진은 사람들 앞에서:

"그 아들이 무슨 능력이 있다고? 그가 어릴 적에 무슨 능력이 있었는지 내가 모를 리가 있나? 그 아들의 헛소리를 곧이듣지 말게나", "아들이 지껄이는 건 모조리 허풍이고 날조이고 속임수야. 자네들은 절대 그 아들을 믿지 말게나"라고 오히려 사람들을 설득했다고 한다.

이홍지와 파룬궁의 반 중국 활동에 대하여 노숙진은 사람들 앞에서:

"소래자(아들)가 꾸며낸 파룬궁에 나는 절대로 참여한 적이 없다"고 자기의 입장을 분명히 밝혔다고 한다.

최근 몇 년 동안, 노숙진은 주변 사람들에게, "그는 애당초 부처가 아니야, 자기가 그저 평범한 인간임을 본인이 제일 잘 알 거야", "그 아들을 너무 추켜세우지 말게나"라며 사람들로 하여금, 자기 아들의 종교를 이용한 사기 행각에 피해를 당하지 않도록 하기 위해 노력했다고 한다.

2012년, 이홍지의 매제 이계광(李継光)도 파룬궁에 깊이 빠져들었다가 병으로 죽었다. 이를 빌미로 이홍지는 노숙진과 여동생 이군을 뉴욕의 플러싱에 거주하게 하였다. 노숙진의 말년에 이홍지 부부는 어머니의 건강 상태에는 아예 관심이 없었다고 한다. 노숙진이 이홍지의 얼굴을 보려 해도 반드시 몸소 뉴욕시에 있는 파룬궁 총부에 가야만 만날 수 있었고, 그녀의 큰 딸 이군은 하루 종일 화장품 장사에 바쁘게 지내다보니 어머니를 모시는 시간이 매우 드물었다고 한다.

2016년 8월 18일, 노숙진은 갑자기 뇌졸증으로 앓아 누웠다. 어머니의 병세 앞에서 이홍지는 속수 무책이었다. 동생들의 애원 하에 이홍지는 하는 수 없이 어머니를 뉴욕의 어느 한 병원에 암암리에 보내어 치료받게 하였지만, 병세가 위중하여 24일 새벽에 세상을 떠나고 말았다.

이홍지는 예전에 달나라에 간 제자들도 보호할 수 있다고 주장한 바 있다. 그런데 어찌하여 자기의 어머니마저도 보호하지 못 하였을까? 종교를 이용한 사기 행각을 벌이고 있는 것이다.

이홍지는 뉴욕주 오렌지군 녹원진 희망산 용천사 뢰진로에 커다란 별장(135036 평방 피트)을 구입하고 파룬궁 총부를 건립하였다. 그는 그곳을 국외의 파룬궁 신도들이 활동하는 근거지로 삼았다.

1-2. 이홍지는 미국에 여러 개의 부동산을 소유하고 있다.

뉴욕주 오렌지군 녹원진 뢰진로에 지은 파룬궁 총부
뉴욕 퀸스66대로10515번 750평방 피트 되는 오피스텔
뉴저지주 버건군 부동산(POBOX 1005, PARAMUS, NJO 7653-1005, BERGENCOUNTY)에는 그의 딸 이미가(李美歌)가 입주
뉴욕시 퀸스 플러싱 59번대로 별장(1428 평방피트)에 그의 어머니 노숙진이 거주
뉴욕시 스태튼 아일랜드 섬 이가대로 103번(103 EAGAD, AVE, STATENIS-LAND, NY10312-4103, RICHMOND COUNTY), 면적은 1854 평방피트(대략 172평방미터)이다.
시카고시교 온내트카대로 570번 별장(570WINNETKA AVE, WIN NETKA, IL60093-4028, COOK COUNTY).

chapter 6

시카코시 N Mcclurg거리 512번 아파트 36층 08호(512N MCCLURG CT APT 3608, CHICAGO, IL 60611-4122 , COOK COUNTY)
뉴저지 주 미들섹스군 남브라운 슈비이크진 음수계로 27번(27 DN-INKING BROOK RDMONMOUTH JCT, NJ 08852), 면적은 4297평방피트(대략 400평방 미터), 이 부동산은 이홍지의 아내 이서가 1999년 5월 14일에 58만 달러에 산 집이다. 현재 시장 가격은 103만 달러이다. 지금은 이서가 살고 있다.
뉴저지주 버건군 우드클리프호진 헝터로 9번 부동산(9 HUNTER RD WOODCLIFF LAKE, NJ97677-8100 BERGAN COUNTY), 미국 "월스트리트저널"에서 이 부동산을 폭로하였다.
이홍지의 큰 여동생 이군의 부동산. 뉴저시주 호손시 퍼세크군 코넬대 80번 부동산(80 CORNELL AVE, HAWTHORNE, NJ 07506-1158 , PASSAIC COUNTY), 면적은 2038평방 피트(대략 190 평방미터)이고 2004년 9월 30일에 구입하였다.

이것이 사이비 종교 파룬궁의 실체이다. 수많은 파룬궁 신도들이 병에 걸려도 제대로 치료를 받지 못하고 사망하였다. 이홍지는 자신에게 우주를 움직이는 힘과 능력이 있다면서, 신도들에게 돈을 받고 수련을 가르치고 있다.

여타 다른 사이비 종교들과 동일하게 돈 문제, 신앙 교리 문제, 기타 여러 문제들을 안고 있다.

2. 사교(邪敎) 파룬궁 홍보 기획품 - 션윈(神韻) 예술단

2-1. 이홍지, 션윈(神韻)예술단 공연 목적은, 거짓 폭로에 있다.

이씨는 자신의 저서에서 션윈(神韻)예술단 공연 목적은 사악을 폭로하는 것에 있다고 밝히고 있다. 중국 5천년 문화를 계승한 고전무용이라 홍보하고 있지만, 실상은 반정부 활동을 목적으로 한 공연인 셈이다.

션윈(神韻)에 대해 모두 알고 있듯이, 목적은 사악의 박해를 폭로하는 데 있다. 동시에 독해 받은 세인이 비방 속에 사악을 따라가서 가상(假相)에 속으면 아주 위험하므로, 당신들이 세인을 구해야 하고, 진상을 알려야 하는데, 이것이 바로 당신들이 현재 잘해야 할 일이다. 션윈은 예술의 형식으로 사람을 구하고 있다.[1]

동시에 션윈은, ○○이 파룬궁을 박해하기 위해 많은 거짓말을 만들어 냈다는 것을 관중에게 알려 주었다.[2]

중국 고전무용이라 함은, 단지 그들의 생각일 뿐, 발레나 텀블링, 부채춤이 어찌 고전무용이 될 수 있는가? 명확한 목적이 있고, 사상을 담은 무용은 예술일 수 없다.

---

1) 이홍지 저, 법륜대법(法輪大法) 각지설법 11, p.116
2) 이홍지 저, 법륜대법(法輪大法) 각지설법 11, p.123

2-2. 주류사회 열기 위해 티켓 값 올렸으니, 불만 말고 열심히 팔아라!

공연 초청도 신도들이 하고, 티켓(최저 9만원, 최고 18만원) 팔아 자리 채우는 것도 신도들의 몫이다. 직접 만난 어느 신도는 10만원 짜리 티켓 10여 개를 보여주며 직접 팔고 있다고 했다. 대부분 어렵게 살고 있는 조선족 신도들이다.

일부 수련생은 "나는 이전에 표를 아주 잘 팔았는데……."라고 한다. 일부 티켓 가격은 아주 낮았으며, 어떤 때는 무료로 티켓을 주었는데, 우리가 영원히 이렇게 할 것인가? 주류사회를 열어야 한다. 그래야 전반 사회를 열 수 있다. 션윈의 티켓이 이만 한 값어치가 없는가? 작년에 매표가 힘들었던 이유를 안다. 어떤 수련생은 왜 기어코 주류사회를 공략하려 하는가? 이 표가 이렇게 비싼데, 사람들이 살 수 있겠는가?! 말한다. 가소롭다. 서방 주류사회에서 이런 일류 공연을 만들어, 이렇게 만들어 냈다면, 당신들은 그들이 티켓 한 장에 돈을 얼마나 받을지 아는가? 어떤 도시에서든 한 장에 최소한 5백 달러는 받을 것이다. 우리는 그처럼 비싸게 팔지도 않았잖은가. 당신은 무엇이 두려운가? 당신이 그에게 더 많은 돈을 요구한 것도 아니고, 당신은 정말로 그를 구하고 있지 않은가?3)

이홍지는 티켓 값이 올라 팔기 힘들다는 신도들을 향해 공개적으로 서방 주류사회 같으면 한화로 57만원도 받았을 것이라며 호통을 쳤다. 그러면서 그런 신도들을 향해 가소롭다고 했다.

---

3) 법륜대법(法輪大法) 각지설법 11, pp.126~129

2-3. 션윈 공연 티켓 안 팔리면 신도들 수련 덜 된 탓!

파룬궁 교주 이홍지에게 있어서 션윈(神韻) 공연은, 신도들 매표 앵벌이 시켜 수익 챙기는 수단이다. 초청해 대관, 홍보, 매표는 모두 신도들의 몫이고, 수익만 빼가는 형식이다.

내 생각에 기타 지역은, 대법제자 당신이 션윈을 주최하는 이 일을 하는데, 당신은 정말로 공을 들여서 했는가? 더욱이 유럽, 당신들은 해마다 이렇게 손해를 보는데, 나는 또 갈 것인지를 고려하고 있다. 당신들은 더는 이렇게 해나가서는 안 되며, 진지하게 이 일을 대해야 한다. 소모한 인력, 물력, 재력이 모두 아주 큰데, 그럼 무엇 때문에 당신들은 그것을 잘하지 않는가? 그렇지 않으면 하지 말라.4)

이것이 바로 수련의 격차이며, 이것이 바로 사람을 구하는 마음이 같지 않음에서 나타난 현상이다. 지난 몇 년 동안 거리에서 전단지를 배포하고, 차이나타운에서 소리치면서 표를 파는 것이 습관이 된 수련생이 말하기를, 티켓도 잘 나가고, 사람도 왔고, 온 사람이 적지도 않고 만석을 이뤘다고 한다. 하지만 당신들은 이런 사람들이 어떻게 왔는지 아는가? 모든 대법제자의 힘을 다 동원해서 온 것이다!5)

여러분이 매표함에 있어 어려움을 알고 있다. 어려워도 당신이 갈 길이 있으며 당신이 찾는지 찾지 않는지에 달렸다. 어떤 사람은 우리가 발정넘

---

4) 법륜대법(法輪大法) 각지설법 11, p.59
5) 법륜대법(法輪大法) 각지설법 11, p.126

chapter 6

을 하면 된다고 한다. 당신이 거기서 발정념만 하고 가서 하지 않는다면 그것을 수련이라 할 수 있겠는가?6)

표를 다 팔아 좌석을 꽉 채우는 것이 수련을 잘 하는 것이라는 주장을 하고 있다. 거기에다 가만히 앉아 발정념만 하지 말고 움직이라고 지시한다. 그런데 지난 2011년 파룬따파 정견망에 발표된 글을 보면,

> 발정념을 집중하여 형성된 강대한 에너지장은 다른 공간의 사악한 요소를 제거한다. 극장 부근과 상점 매표소에서 근거리 발정념으로 장(場)을 청리하고, 연분 있는 사람을 보호해 표를 구입하게 한다. 릴레이 발정념은 새벽 5시부터 밤 11시인데, 반 시간 씩 나누어 배치한다. 연분 있는 사람들에게 션윈 매표 소식을 알리고 재빨리 표를 사서 구도 받게 하기 위해 공연 한 달 전에 극장 부근과 매표 상점에서 발정념 장소를 설치해 근거리 발정념을 하여 장을 청리하고 션윈의 매표로 사람을 구원하게 한다.7) 라고 했다.

발정념으로 주위 장소들(마, 魔)을 청소하고, 사람들로 하여금 션윈(神韻) 공연 표를 사게 한다고 지시하고 있다. 가만히 앉아 기도하고 있으면 사람들이 알아서 표를 사 간다는 것이다. 그런데 이홍지는 그러한 능력을 믿지 않고 움직이라고 호통을 치고 있다.

---

6) 이홍지 저, 법륜대법(法輪大法) 각지설법 11, p.196
7) 파룬따파 정견망, 2011년 2월 발표 문장

제7장 중국 5천년 역사가 자랑스러운 선원?

1. 교주 이홍지를 창세주, 생불로 믿는 것이 심신수련인가?
원만 이뤄 천국 간다는 망상! – 천안문 분신 사건으로 재조명

몇 년 전 천안문 광장 분신자살 시도 7인 중, 살아남은 2인 가운데 한 사람의 실화를 바탕으로 한 단편영화가 출시되었다. 파룬궁을 수련하다 꽃 같은 청춘을 허망하게 보낸 한 사람의 이야기로 '실락원'(일명, 분신날개천사)이라고 하는 공익 영화였다.

주인공 진과(가명)는 대학교에서 무용을 전공했던 당시 여 신도였는데, 안타깝게 그녀의 어머니 학혜군의 영향을 받아 파룬궁 사이비종교에 빠져 들어 이홍지의 "극락세계", "승천 성불", "원만"에 대해서 믿어 의심치 않았고, 헤어나올 수 없는 정도에 이르렀다.

이홍지의 "원신 불멸설(육체 영생)", "육신 무용설", "원만 승천설" 등의 영향을 받아 분신 시도 후 고통스럽게 자신이 분신 자살을 하게 된 과정을 회상하면서, "그 때에는 분신 자살을 시도하는 것이 두렵지 않았다. 왜냐

chapter 7

하면 '원만'을 이루면 천국에 갈 수 있기 때문이고", "나를 버리고, 나의 생명을 버리더라도 이 법을 지키겠다고 결심했었다"라고 하였다.

분신 시도 당시 19세였던 진과는 화상 면적이 80%에 달했고, 깊은 3도 화상이 50%에 달했다. 머리와 얼굴은 4도 화상을 입었다. 다재다능했고, 출중한 외모의 진과의 모습은 모두 훼손되었고, 두 손은 영원히 불구가 되었으며, 한 쪽 눈은 영원히 실명이 되었다.

비참한 대가를 치른 후, 파룬궁 이홍지가 주장했던 "원만"은 거짓이었다는 것을 알게 되었다. 그제야 진과는 한 사람으로 정상적인 생활을 누린다는 것이 얼마나 행복한 일이었는지를 깨닫게 되었다고 한다.
"나는 정상인의 생활을 하고 싶다", "나는 나의 비파를 타고 싶다", "만약 나에게 기회를 한 번 더 준다면 나는 절대로 이 길을 포기하지 않겠다." 라고 입술을 깨물었다.

이홍지의 강변과 괴변이 아니었더라면, 분신 시도 같은 큰 사건이 없었다면, 진과는 사랑하는 사람과 행복한 가정을 꾸리며 살았을 것이다. 하지만 후회는 잠시, 진과는 자기의 잘못을 깊이 깨닫고 용감하게 행복을 추구하기 시작했다.

용기를 내어 자선가 진광표에게 3통의 도움 편지를 보냈고, 이후 성형수술을 통해 외모는 80%로 회복됐다. 진과는 모든 것을 다시 시작할 수 있다는 새로운 삶에 대한 희망을 갖게 됐다.

쓰라린 아픔을 겪고 나서야 진과는 깨달았다. "아직까지도 사이비종교에 빠져 있고 '원만'에 대해서 망상을 갖고 '신(神)'이 되려는 사람들은 위험을 감수한 후에야 정신을 차리고 돌아서지 말고 지금부터 사이비종교를 멀리해야 한다. 그리고 그것이야 말로 진정으로 그들의 '원만'한 생활의 시작인 것이다."라고.

2. 파룬궁 '션윈 공연'의 진상

'신당인(新唐人) TV' 및 '션윈 예술단'은 사교(邪敎) 파룬궁의 부속 기구이다. 2004년 이래 이들은 "중화 전통문화를 널리 알린다"는 미명 하에 세계 각지의 관객들에게 선보였다.

창설자 이홍지는 파룬궁 수련을 하면 질병에서 치유되고, 인간이 신선이나 부처가 될 수 있다며 선량한 민중을 속여 포교하는데 언론과 공연을 활용한 것이다.

이러한 사이비종교는 신도들의 정신을 세뇌시켜 정신적·물질적 피해를 주는 것은 물론 지구 종말 공포 조장, 임박했다며 온 삶을 통제한다.

교주 이홍지는 인류는 이미 81차례의 훼멸을 거쳤고, 지구는 이제 곧 훼멸될 것인 바, 오직 자기 만이 이 재앙을 막을 수가 있다고 주장했다. 인류가 타락하여 지구는 우주의 제일 큰 쓰레기장이 됐다며 오직 파룬궁을 수련해야만 그 속에서 탈출할 수가 있다고 하였다. 또 신도들로 하여금 다른 신앙을 배척하고 파룬궁 만이 일체 종교 위의 '정법(正法)'이라고 믿게 했다. 그는 또, "병이 생기는 것은 '병'이 아니기에 의사한테 보이지 말고 약을 먹지 말며 오직 파룬궁 수련만 강요하였다. 파룬궁은 겉으로는 '진선인'을 표방하지만 실제로는 다른 관점들은 일체 용납하지 않는다.

그래서 문명사회의 악성 종양과도 같다. 그러한 집단에서 연중 제전(祭

典)처럼 공연을 하고 있는 것이다. 파룬궁 신앙을 배경으로 중국 5천년 역사를 이어온 전통문화를 알린다고 하지만, 실제로는 신도들의 신앙을 고취시키고, 포교하기 위한 목적이다.

3. 모 공영 방송국의 공연 취소

2016년 모 공영 방송의 취소 통보서에서, "션원 공연이 정치적·종교적 중립을 지켜야 하는 공영 방송사의 품위를 해할 우려가 있기 때문에 승인을 취소한다. 처음에 계약할 때에는 파룬궁에 대한 언급이 없었는데, 나중에 계약서에 보니 연계가 있었다. 션원 공연은 단순한 예술 공연이 아닌 것 같다"며 취소한 바 있다. 그렇다. 중국 전통문화 공연의 탈을 쓰고 사교 조직 파룬궁을 홍보하는 것이다. 그러니까 그것을 허락하는 것은 곧 그러한 장을 마련해주는 꼴이 되는 것이다.

션원 공연은 이홍지가 파룬궁의 영향을 확대하고 사교와 반화(反華) 감정을 부추기고 홍보하기 위해 만든 정치적 도구에 지나지 않는다. 따라서 '션원 공연'은 중국의 전통 문화를 오히려 왜곡하고 있다고 봐야 할 것이다.

뿐만 아니라 한국의 주요 도시를 비롯한 세계 곳곳에 파룬궁 선전 책자, 신문(대기원시보), 홍보지 등을 발간하여 배포하며 '션원 예술단'을 조직, 전 세계를 무대로 순회 공연을 하면서 종말론 사상과 교주 신격화 등 포교 활동에 박차를 가하고 있다.

파룬궁 션원 공연은 중화의 문화를 널리 알린다는 명목 하에 사교(邪敎)

를 선전하고 있다. 그들의 공연 중, <파룬성왕(法輪圣王)>이란 노래에서 이홍지를 만왕지왕으로 호칭하며, 그는 세계 종말이 도래한 시점에 "중생을 구하기 위하여 인간 세상에 왔다"라고 하며 사람들로 하여금 빨리 파룬궁에 가입하도록 선동하였고, 그렇지 않으면 "신(神)이 될 기회"를 놓치게 된다고 역설했다.

4. 문화의 탈을 쓰고 사교(邪敎) 포교 목적이 본질이다.

선원 공연에 미국인이 참가하여 제작한다. 동방의 예술을 알리는 것이 아닌, 춤사위 곁들인 오락을 알리는 것이다. 거기에 파룬궁 거짓 탄압 주장과 포교를 위한 것이다.

5. 션원 공연 보면 구원 받는다? CD로만 봐도?

파룬궁에서 운영하는 '파룬따파 명혜망'에 소개된 글들을 보면, 선원 예술단 공연을 보기만 해도 "병 치유 받는다.", "각종 질병이 치유된다.", "구원 받는다.", "그 공연을 CD로 보기만 해도 병이 치유된다.", "이홍지가 치료해준다."고 한다.

과학적 증명도, 근거도 없는 이러한 내용들을 그대로 올리는 이유는, 그러한 내용들을 가지고 파룬궁을 홍보하기 위해서이다.

"션원을 보고 혜택을 얻다"는 제목의 글에서, 60세 쯤 되어 보이는 노점상에게 선원 공연 추천을 하며, "이 공연을 보면, 병 치료도 할 수 있다.

chapter 7

우리 언니가 만성 신경성 두통이 있었는데 션윈을 보고 나았다."8)고 했고, "션윈을 본 세인의 다리 병이 신기하게 나았다."며 "파룬궁은 제 다리를 치료해 주었는데, 고작 한 장의 션윈 공연 CD로요. 진짜로 신기했어요!"9)라고 하였다.

그리고 "션윈으로 종양 사라져"라는 제목의 글에서는, 나는 고모 할머니의 말대로 션윈 공연을 봤는데 정말 몸이 많이 편해지고 마음도 깨끗해지는 것 같았으며 볼수록 아름다웠다. 나는 또 매일 진심을 다 해 '파룬따파'를 외웠다. 그렇게 20일 하고 사나흘 더 지나자 배가 더 이상 아프지 않았다.10)고 하였다.

그리고 "션윈을 보니 신체가 정화되다"라는 글에서는, 션윈 CD가 금방 나올 때 나는 운이 좋아 한 장을 얻어 집에서 보았다. 프로그램은 매우 아름다웠는데 우담화(婆羅花, '우담바라 꽃'이라고도 함, 여래나 전륜성왕이 나타날 때 핀다고 함; 그런데 션윈 공연에서는 이 꽃이 곧 이홍지라고 묘사했다.)가 신기하게 피었고, 정말 부처가 연화반에 앉은 것처럼 아름다웠다. 춤추는 모습이 아름다웠는데 언어로 다 표현할 수 없을 정도였다. 그날 저녁, 나는 꿈을 꿨는데 입으로 더러운 것을 엄청나게 토했으며 손으로 그것을 한 줌 한 줌 꺼냈다. 상한 밥과 다른 것도 있었는데 정말이지 구역질이 났다. 이튿날, 나는 어머니께 꿈 이야기를 하니 어머니는 좋은 일이라 하면서 "사부님께서 신체를 청리해 주시는구나."라고 하셨다. 그때 나는 아직 수련을 시작하지 않을 때인데 자비로운 사부님께서는 나를 도와 신체를 청리해주신 것이었다. 그 후 수련하면서 내가 30년 전 어린 시절에 먹은 더러운 것들을 사부님께서 모두 청리해주

---

8) http://www.minghui.or.kr/bbs/board.php?bo_table=tian&wr_id=1201

9) http://www.minghui.or.kr/bbs/board.php?bo_table=tian&wr_id=1130

10) http://www.minghui.or.kr/bbs/board.php?bo_table=tian&wr_id=1607

신 것임을 알게 됐다.11)며 교주 이홍지가 신도들의 병을 치료해준다고 믿고 있다.

"조카가 션원을 보자 피부 이식 수술해야 하는 상처가 신속히 아물다."라는 제목의 글에서는, 작년 11월 27일 저녁 무렵 나의 조카가 산 중턱에서 골짜기로 떨어졌는데 다리가 부러지고 살이 괴사가 일어나 대수술을 해야 했다. 그런데 션원을 보고는 두 달도 되지 않아 땅 위를 걸었다. 솔직하게 말하면 수술을 해도 이렇게 빠를 수 없다. 션원 CD는 정말 신기하다. 이번에 우리 집 모든 친척들은 앞 다투어 션원을 보았다. 이번 일을 통하여 많은 친척들이 3퇴를 했다.12)고 하였다.

그러면서 션원 공연을 보면 구원 받는다고 한다. "션원(神韻)을 널리 전하여 세인을 구도"라는 글에서, 나는 션원의 신성함과 션원 공연이 중생을 구도하는데 일으킨 홍대한 작용을 체득하게 되었다고 했고, "션원은 세인에 대한 자비로운 구도이다."는 글에서는, 마음으로 션원을 전하고 진심으로 세인을 구도하자.13)고 하였다.

또, "션원을 널리 알리고 중생을 구도하자"면서, '션원' 공연은 신불(神佛)의 위대함에 감동되면서 존경심이 생긴다.14)고 하였다.

이렇듯 파룬궁 집단에서는 션원 공연만 봐도 구원 받고, 질병이 치유되며, 그것을 CD로만 봐도 그런 역사(?)가 일어난다고 주장하고 있다. 사이비종교의 교리에 불과하다.

---

11) http://www.minghui.or.kr/bbs/board.php?bo_table=tian&wr_id=1515
12) http://www.minghui.or.kr/bbs/board.php?bo_table=tian&wr_id=1372
13) http://www.minghui.or.kr/bbs/board.php?bo_table=madang&wr_id=5624
14) http://www.minghui.or.kr/bbs/board.php?bo_table=madang&wr_id=5151

6. 션원 공연 홍보도 전문적 마케팅 교육 – 그것도 수련이라~!

파룬궁 집단에서는 션원 예술단 공연 관련, 티켓 마케팅도 전문적으로 교육하고 있다. 그들의 명혜망이란 홈페이지에는 "션원 티켓에 관련하여 교류"라며 션원 티켓 판매에 많은 동수들이 광범위하게 동참해야 할 것이라며 독려하고 있다. 그러면서 매표 활동은 정법의 필요에 의해 진행되는 것으로, 일반적인 것을 초월해 신(神)으로 향하는 수련자들에게만 자격이 주어져, 이에 이를 수 있는 진정한 능력을 갖게 된다고 한다. 티켓 판매도 수련의 일부이고, 그것을 잘 하는 것이 곧 신(神)이 되는 길이라고 한다.

그래서 션원을 반대하는 것이 중생을 구도하는 효과를 보지 못하게 하는 것인데, 이는 중생들과 대법 제자들 뿐만 아니라 전 우주의 손실15)이라고 하였다. 션원 공연을 반대하는 것이 곧 구원 받는 것을 반대한다는 논리이다.

신도들로 하여금 티켓 장사 시켜 좋고, 그것을 수련, 구원과 연계시킨다. 이래서 파룬궁이 사이비인 것이다.

"션원 공연 매표에서의 심득 체험"이라는 글에서는 신도들로 하여금 매표소를 차려 놓고 판매하게 하며 관공서에 추천 공문 보내는 것 등 여러 가지 방법들에 대하여 교육하는 내용들이 있다. 개인과 단체, 친척, 친구에게 매표, 그 외에 예전에 션원 공연을 보았던 일반인에게도 공연 소식을 알려 그들이 다시 관람할 것을 요청하는 것과 예술문화원 구역에 매표 거점 세우는 것, 사람들이 많이 다니는 공원 등에도 매표 거점을 차리는 것, 그리고 공단 기업 사장에게 추천 서한을 보내는 것 등의 방식을 교육한다.

---
15) http://www.minghui.or.kr/bbs/board.php?bo_table=madang&wr_id=5065

그리고 신도들 간 매표 경험 교류를 한다.16)

선원 공연 매표에 참여하는 것이 곧 수련인의 상태17)라고도 하였다. 그것이 사부인 이홍지를 돕는 일이라며 부처의 은혜로 가득한 위대한 사부님 감사하다!18)고 하였다. 파룬궁 신도들은 교주 이홍지를 창세주, 생불로 추앙하고 있다.

또 다른 글에서는, "신 수련생, 선원 마케팅을 통해 '정법시기 대법제자'로 되다"는 것도 있다. 티켓 판매로 대법 제자가 된다는 식이다. 교주 이홍지는 선원을 보면 구원 받고, 그것을 보게 하는 것이 사람을 구원하는 것이라며 신도들로 하여금 티켓 판매를 독려했다.19)

이것을 "전문적 마케팅 학습 및 선원 홍보 수련 체험"이란 글을 보면 알 수 있다. 어느 신도는 전문적인 마케팅을 원했기에 경험 있는 수련생을 찾아 배우게 됐다20)고 하였다. 이렇게 신도들은 "선원을 보고 대법을 얻어 사존을 따라간다"고 한다. 이홍지는 신도들에게 "만약 여러분이 이 대법을 잘 배우지 못하면 당신 자신의 원만은 보장받을 수 없을 뿐만 아니라, 대법 제자이기 때문에 법을 떠나서는 일을 할 수 없다... 만약 늘 속인과 그 일들을 따진다면 속인의 층차 속으로 떨어지게 되는 것이다."21)라고 하면서 파룬궁을 나가면 낮은 층차로 떨어진다고 겁박을 하였다.

---

16) http://www.minghui.or.kr/bbs/board.php?bo_table=madang&wr_id=6394

17) http://www.minghui.or.kr/bbs/board.php?bo_table=madang&wr_id=6389

18) http://www.minghui.or.kr/bbs/board.php?bo_table=madang&wr_id=7155

19) http://www.minghui.or.kr/bbs/board.php?bo_table=madang&wr_id=12287

20) http://www.minghui.or.kr/bbs/board.php?bo_table=madang&wr_id=13618

21) http://www.minghui.or.kr/bbs/board.php?bo_table=madang&wr_id=14652

제8장 법륜공을 수련하여 병에 걸리거나 불구 혹은 사망한 실례(피해사례들)

1. 화북유전의 마건민이 스스로 자살하다.

마 씨네 가족의 말에 의하면, 마건민은 2년 반 전부터 《법륜공》을 수련했는데 늘 정신이 희미하거나 이상 상태가 나타날 때가 있었고, 자기의 배 안에 《법륜》이 있다고 하였다. 1999년 9월 4일, 그는 집에서 가위로 배를 갈라 찾아보려고 하다가 제 때에 치료를 받지 못한 탓으로 사망했다.

2. 중경시의 고은성이 고층 집에서 뛰어내려 자살하다.

고은성(남, 42세), 중경시개현천백향 공상관리소 간부, 《법륜공》 교습소 책임자

고은성과 그 아내 이소분(25세, 무직업)은 1997년 11월부터 함께 《법륜

chapter 8

　공》을 수련하기 시작했으며 유관되는 책자를 구입하여 보면서 매일 아침 저녁으로 수련을 시작했다. 그 후 고은성은 원래의 강경한 성격을 찾아볼 수 없었고 말하기를 싫어했으며 사람들과의 교제를 끊고 집에서 수련을 했다. 그는 이홍지가 주장한 《법륜공》을 수련하여 일정한 정도에 이르면 《삼화취정(三花聚頂)》, 《생원영(生原嬰)》, 《자신의 본성을 되찾고, 사후에 승천하며 영혼불멸의 경지에 도달할 수 있다》는 말을 믿었다.

　1998년 11월 2일에 고은성은 은행에 저금을 꺼내 전처의 소생인 딸 고려에게 1800원(인민페)을 주고 공부를 잘 하라고 하면서 자기는 이미 신선이 되었다고 하였다. 이어 자기의 부모에게 각기 1,000원을 ,이소분의 어머니에게는 1,800원을 주었다.

　11월 5일 저녁 고은성은 장지소(고습소의 책임자) 등에게 말하기를, 이틀 전에 꿈에 아내 이소분이 전생에 큰 뱀이었고 금생에는 독사가 변한 것이라 하였다. 당일 저녁과 이튿날 아침에 그는 집에서 대성통곡하였고, 11월 6일 오전 10시에 공상소의 학습 회의에서 《인간의 본성은 선량하다는 것을 당신들은 모른다. 나는 법륜공을 배운지 1년 밖에 안 되지만 모든 것을 깨우쳤다.》고 하였다. 회의에서 다른 사람들은 그와 변론을 했는데, 그는 《나는 당신들과 같은 범속한 사람들과 말하고 싶지 않다. 내 아들 고웅이 밖에 나를 이해하는 사람이 없다.》고 하면서 집으로 돌아가 수련을 하다가 아들 고웅을 안고 4층에서 뛰어내려 댐에 떨어졌다. 공상소의 간부들이 급히 의사를 불러 구급하려 하였으나, 그 아내 이소분은 말리면서 이홍지 스승님이 구원해줄 수 있다고 하였다. 고은성은 구급했으나 효험을 보지 못하고 사망했으며 그 아들은 위험에서 벗어났다.

3. 요녕성의 이품청이 우물에 뛰어들어 자살하다.

유품청, 남, 58세, 중국 공산당 당원, 고급 농예사, 원 요녕성 동항시 고산진 농업기술보급소 소장, 1991년에 농목어업부로부터 풍수 1등상을 수여받았음.

유의 가족들의 말에 따르면, 그는 1998년 8월부터 《법륜공》을 수련하기 시작했으며 광신적이었고 여러 차례 이홍지가 자기더러 분신 자살을 하여 부처가 되라고 한다고 하였다. 어느 날 오후, 유 씨는 자택에서 액화가스를 열어 놓고 불을 달아 분신 자살을 하려고 하였으나 의외로 생명을 건졌다. 단동 230병원에서 치료를 받는 과정에 유씨는 치료에 잘 배합하지 않았으며 온 종일 《법륜공 제자는 어디서나 이홍지 스승님의 보호를 받기에 약을 먹으며 치료할 필요가 없다, 내가 죽지 않은 것은 스승님이 나더러 업을 소멸하라고 하기 때문이다.》고 하였다. 퇴원하여 집으로 돌아간 후에도 그는 이홍지가 자기한테 우물에 들어가 부처가 되라고 한다면서 이웃들을 보고 자기를 묶어서 우물에 넣어 달라고 요구했다. 그러면서 스승님이 보호하시기에 자기는 죽지 않는다고 말했다. 가족들은 그가 《법륜공》을 수련한 결과 정신 이상에 걸린 것을 보고 엄밀히 감시했으나 그는 끝내 2개월 만에 우물에 뛰어들어 자살했다.

4. 길림의 이우림이 목을 매여 자살하다.

이우림(남자, 47세), 길림성 동료현 안서진 성인촌 농민
이우림의 아내 이금봉의 말에 의하면, 1997년 이우림이 일터에서 《법

chapter 8

륜공》 책자를 가져 왔는데 그 뒤로 매일 집에서 책을 읽고 가부좌를 틀고 하더니 마침내 《법륜공》에 미혹되어, 나와 아들을 보고 함께 수련하자고 하였다. 어느 날 저녁 그는 나를 보고 《내일은 스승님의 생일인데 내가 가서 축하드리고 향을 피워드리고 오겠소.》 하였다. 5월 22일 저녁 그는 집에서 가부좌를 틀고 수련을 하였다. 5월 23일 새벽 2시에 그가 없어진 것을 발견하고 찾아다니다가 행수림산 위의 마이크로탑에서 그가 목을 매여 자살한 것을 발견했다. 현장에서 탑 위에 매단 이홍지의 사진과 타버린 7가닥의 향을 발견했다. 이금봉은 다음과 같이 성토하였다. 남편은 평소에 정신 상태가 정상적이었고 호인이었으나, 《법륜공》을 수련하면서부터 나와 아들한테 냉담하게 대하였다. 남편을 죽인 것은 다름 아닌 《법륜공》 이다. 그의 이웃들도 평소에 이우림은 정신 상태가 좋았고 마음씨도 고왔고 반상적 행위가 없었는데 《법륜공》이 그로 하여금 자살을 하게 하였다고 하였다.

5. 강소의 장경순이 병을 치료하지 않아 사망하다.

장경순(남, 63세), 퇴직전 염성시 우체국 비서

몇 년 전에 장경순은 심장병에 걸렸는데 약을 먹은 뒤로 호전되었다. 1999년 다른 사람의 소개로 《법륜공》을 수련하기 시작했는데, 《법륜공》을 수련할 때 병이 나도 약을 먹지 않고 주사를 맞지 않는다는 말을 듣고, 약을 끊었으며 수련에만 정성을 모았다. 후에 병이 점점 위중해졌지만 약을 먹지 않았다. 병이 심하여 수련 장소에 갈 수 없으니 집에서 가부좌를 틀고 수련하다가 쓰러졌다. 함께 수련하던 아내는 괜찮다고 하면서 스승님이 금방 구원하러 올 것이라고 하였다. 이때 함께 수련하던 친구들도 그의 집에 와서 스승님이 구해주도록 기도를 드렸다. 단위의 동사자가 문병을 와서야 그가 수련 중에 이미 사망한 것을 발견하였다.

6. 요녕성의 백상유가 병치료를 거절하여 사망

백상유(남, 62세), 중공당원, 대학졸업, 무순시 서로천 광산지질 설계과 과장, 정년 퇴직.

백상유의 자녀들의 말에 의하면, 그는 1997년부터 《법륜공》을 수련하기 시작했는데 병이 있어도 약을 먹지 않고, 치료도 하지 않았다. 1998년부터 몸이 여위여가는 것을 보고 가족들이 병원으로 가보라고 권하였으나 거절하였다. 그는 말을 똑똑하게 할 수 없었으나 병원으로 가지 않았다. 백상유의 아내 장수진(64세, 원서로천광공회 간부, 법륜공 수련자)는 《법륜공을 수련하면 병이 절로 낫기에 병원에 갈 필요가 없다. 이를 악물고 견디면 나을 것이다》고 하면서, 《법륜공》 책자를 들고 와서 스승님이 바로 옆에 와서 당신을 위해 업을 제거하고 환골탈태하게 할 것이니 한 달 간 누워만 있으면 나을 것이라고 하였다. 한 달여 만에 자녀들이 그를 병원으로 실어갔으나 그는 여전히 치료를 거부하다가 며칠 후 사망하였다.

7. 강소의 장옥금이 경동맥을 끊어 자살

장옥금(여, 50세), 초등학교 졸업, 강소성 계동복장공장 직원, 퇴직

그녀의 남편 유홍충의 말에 의하면, 장옥금은 1993년에 경추병으로 퇴직을 하였는데, 1995년 10월부터 수련을 시작했고, 《법륜공》 책자와 비

디오, 녹음 테이프를 사서 온 종일 수련에 빠져 있었다. 일부 수련자들은 아내한테 《진짜로 법륜공을 수련하자면 병원에 가서 치료하거나 약을 먹지 말아야 한다, 이홍지 선생님이 당신의 신체를 건강하게 해줄 것이다. 병이 나서 아픈 것은 전생에 쌓은 업을 제거하고 빚을 갚는 것이며 수련하는 필수적인 과정이다. 이것을 견딜 수 없다면 높은 차원에 도달할 수 없다》고 하였다. 1월 23일 8시경에 집으로 돌아온 나는 아내가 면도칼로 경동맥을 끊은 것을 발견했다. 출혈이 심했던 탓으로 화장실에서 숨지고 말았다. 아내는 죽기 전에 자기가 마(魔)라고 하면서 다른 사람의 수련을 방해하였기에 먼저 가야 한다고 하면서 다른 수련자들이 계속 노력해야 한다고 중얼거렸다. 그녀가 죽은 뒤, 호주머니에서 종이로 싼 진통제 10여 알을 발견하였다. 그녀는 《법륜공》에 중독된 나머지 병에 걸려도 약을 먹을 생각을 하지 않고 하늘로 오를 생각만 하였고, 나중에는 정신이 붕괴되어 아픔을 참지 못하고 죽음을 택하고 말았다. 참으로 청천벽력이 아닐 수 없다.

《법륜공》은 내가 사랑하는 아내를 잃게 하고 가정을 잃게 하였다. 나는 정부에서 이홍지와 《법륜공》을 징벌할 것을 강력히 요구한다.

8. 하북의 조옥진이 물에 빠져 사망

조옥진(여, 37세), 하북성석가장시교 농민, 그녀는 장기적으로 위병과 신경 쇠약으로 고생하고 있었다.

조옥진의 남편 왕건군의 말에 의하면, 1995년 4월부터 《법륜공》을 수련하기 시작했고, 치료와 약 먹기를 거절하였다. 병이 중할 때 가족들이 억지로 그녀를 병원으로 데려가도 그녀는 치료를 거절하면서 《이홍지 선생님이 내 머리를 공제하고 있으며 이후에 내 아이도 수련하라고 하면서 커서 이홍지의 자리를 계승하라고 한다》고 말하였다. 그녀는 정신 이상에 걸렸고 여러 차례 자살을 시도했으나, 우리가 제 때에 발견했기에 목숨을 건졌다. 1997년 4월 6일 17시에 그녀는 가족들이 주의하지 않은 틈을 타서 유화로에 있는 동명인수로에 뛰어들어 자살했다. 그녀는 나에게 쪽지 한 장을 남겼는데 《나는 죽습니다, 이홍지가 내 머리를 공제하고 있어 매일 나를 못살게 굴고 동명인 수로에 빠져 죽으라고 합니다. 당신은 나를 찾지 마세요, 나는 한평생 나을 수가 없기에 당신한테 무거운 짐이 되지 않으려고 합니다. 그녀는 《법륜공》에 빠져 있었기에 목숨을 잃은 것이다.

9. 하북의 이정이 부모를 죽이다.

1999년 3월 20일 새벽 2시, 하북성 승덕시 《법륜공》 수련자 이정(18세 미만)이 손에 한자가 넘는 칼로 잔인하게 친부모를 찔러 죽였다. 현장은 차마 눈뜨고 볼 수 없었다. 이정의 부모는 처참하게도 아들의 손에서 목숨을 잃은 것이다. 아래는 공안기관에서 이정에 대한 심문 조서의 한 단락이다.

문: 왜 자기의 친부모를 죽였나?
답: 나는 내 부모가 마귀이고, 나 자신은 부처라고 생각한다. 그러므로 이 두 마귀를 없애려고 마음먹었다.
문: 어디에서 부처와 마귀에 대하여 배웠나?
답: 97년도에 초등학교를 졸업하고 이궁(승덕피서산장, 청나라 황실의 피서지였음)에서 한 주일 간 《법륜공》을 배웠다. 그 후 또 《법륜공》 책을 사서 보았으며, 이런 것들을 배웠다.

chapter 8

10. 강소의 오덕교가 아내를 죽이다.

오덕교(남자, 36세), 오강시 공소사 직원

1998년 2월부터 오덕교는 《법륜공》을 수련하기 시작했는데 2월 25일 밤, 그가 한창 수련하다가 누가 자기를 해친다는 생각이 들어 《지진이 일어났다》고 거듭 외치면서 당지의 파출소로 달려갔다. 후에 가족들이 그를 정신병원으로 데려갔다. 26일 밤 그는 또 집에서 수련하다가 자기가 부처가 된 느낌이 들었다. 아내 심옥진이 옆에서 말리자 그는 수련할 때 옆에 여인이 있으면 영향을 받는다고 여기면서 주방에 달려 들어가 식칼을 들고 나와 아내를 여러 번 찍어놓아 숨지게 하였다.

제9장 각 지역 시청 및 문화회관들에 탄원

파룬궁사이비종교대책위원회는 선원 예술단의 내한 공연 관련, 대한민국 국민의 한 사람으로서, 우리 국민의 안위를 해치고, 잘못된 신앙으로 인하여 가정이 파탄 나고, 자살을 하고, 정신 이상에 걸려 자해를 하는 등 심각한 피해를 양산하는 사이비종교 집단의 홍보 공연을 그대로 묵과할 수 없다! 대관 중지를 호소한다. 이는 헌법에도 명시되어 있듯 '종교 비판의 자유' 뿐만 아니라, '공공의 이익'을 위한 목적에서이다.

'탄원'의 내용

파룬궁이란 단체는 중국 길림성에서 태어난 교주 이홍지(중국 한족 신분)가 유교·불교·도교의 사상들을 혼합하여, 기공 수련 단체로 시작한 것이다. 이후 본인이 생불(生佛) 즉, 살아 있는 부처이고, 파룬궁 수련을 하면, 어떠한 불치병, 난치병도 치유될 수 있으니 병원에 갈 필요 없다, 약도

chapter 9

먹을 필요 없다, 가난에서도 벗어날 수 있다, 세상 종말이 왔을 때, 파룬궁 수련자들만 살아남아 천국에 간다, 예수 그리스도, 부처, 마호메트는 다 실패했고, 가장 고층 차에 있는 자가 바로 파룬궁 교주 이홍지이다. 파룬궁 수련자들은 어떠한 어려운 상황 가운데 처해져도 이홍지의 불신(佛神)이 도와준다며 교주를 신격화 하고 섬기고 있는 집단이다.

이홍지는 자신이 생불(生佛)이라며, 자신이 태어난 일시(日時)를 부처의 탄신일과 같은 날로 변경까지 한 사람이다. 실제 한국인들 중 말기 암 환자, 간경화 등의 질환자들이 파룬궁 수련만 하면 나을 수 있다며 병원 치료를 거부하고 약도 먹지 않아, 가족들의 안타까운 제보들이 있었고, 결국 응급실에 실려 가기도 하고, 사망한 사례들도 있다.

스스로 생불(生佛)이라 주장하고 만병 치유한다던 이홍지는 자신도 암 투병 중이다. 그리고 수많은 파룬궁 핵심 신도들이 사망하였다.

* 2014년 3월 2일, 리다융(李大勇) 파룬궁 핵심 신도는 급성 간괴사로 사망
* 2013년 4월, 류찡항(刘静航) 베이징 하이뗀구(海淀区) 학원로 파룬궁 분국 점장은 병으로 사망
* 2012년 5월 상순, 리찌광(李继光) 따찌웬(大纪元) 뉴스코퍼 부총재는 심장병, 신장병으로 사망
* 2012년 11월 21일, 진쩡호우(金正浩) 한국 파룬대법 학회 부회장은 교통사고로 사망
* 2012년 신정, 왕란(王岚) 원 윈난성(云南省) 파룬궁 양성소 점장은 병으로 사망
* 2011년 9월, 마이수이잉(麦繐英) 홍콩 췐완더화(荃湾德华) 공원 연

마지점 지도원은 뇌 혈전으로 사망
* 2011년 2월 26일, 우카이룬(吳凱仑) 전(前) 신당인 방송국 아나운서는 간병으로 사망
* 2011년 춘절기간, 순쥔(孙浚)홍콩 파룬불학회 전(前) 회장은 병으로 사망
* 2010년 7월 16일, 한쩐궈(韩振国) 파룬궁 총부 룽췐사(龙泉寺) 행정주관은 폐암으로 사망
* 2009년 7월 20일, 쥐텅꿍(佐藤贡) 일본 따찌웬 편집장은 병으로 사망
* 2009년 4월 20일, 주셴이(朱贤溢)홍콩〈따찌웬시보〉편집인은 병으로 급사
* 2009년 신정기간, 주건메이(朱根妹) 독일 프랑크프루트 연마지점 주요 연락인은 당뇨병으로 사망
* 2006년 9월 1일, 장멍예(张孟业) 태국 "VIP 팀" 주요 학원 책임자는 교통사고로 사망
* 2006년 6월 23일, 펑리리(封丽丽) 미국 파룬궁 광신도는 병으로 사망
* 2006년 3월, 리궈둥(李国栋) 미국 신당인 방송국 핵심 직원은 간암으로 사망
* 2005년 7월 25일, 탄수쥔(谭淑君) 미국 파룬궁활동 주요 스폰서는 중풍으로 사망하였다.

그런데도 아직까지 파룬궁 이홍지는 자신의 잘못된 사이비 교리를 고치거나, 뉘우치지 않고 있다.

또 이홍지는 자신에게 우주를 움직이는 힘과 능력이 있다면서, 신도들에게 돈을 받고 수련을 가르치고 있다. 여타 다른 사이비종교들과 동일하게 돈 문제, 신앙 교리 문제, 기타 여러 문제들을 안고 있다.

chapter 8

 션원 예술단 공연은, 세상을 구원하는 것은 파룬궁이고, 파룬궁 교주 이홍지가 창세주라며 찬양한다. 이 창세주가 우주의 법을 바로 잡아준다고 한다. 거기에 대법 제자들, 즉 파룬궁 수련생들이 쓰임 받는다는 것이고, 결국 파룬궁 수련을 해야만 천당에 간다는 노래를 부른다.

 그들은 이홍지를 살아있는 부처라고 믿고 있다. 파룬궁 수련소를 가보면, 온통 이홍지의 사진들로 가득하다. 그 사진에서 기(氣)가 나와 그 앞에서 수련을 하면, 병이 낫고, 몸 속의 좋지 않은 마(魔)가 쫓겨 나간다는 것으로 믿고 있다.
 다분히 포교활동을 위한 도구로 '션원 예술단' 공연을 펼치고 있다.

 따라서 현재 국내에서 아무렇지도 않게 활동하고 있는 저들의 활동을 저지해야 한다. 불치병에 걸린 환자가 병원에 가지 않고 약을 먹지 않고 있다. 파룬궁 수련을 하다가 정신 이상에 걸려 집에 불을 지르고, 반대하는 가족들을 살해하고, 자해를 일삼고, 자살을 한다. 지금까지 수많은 피해사례들이 있다. 그것을 알리는 것이다.

 더 이상 이러한 비극이 이 땅에 있어서는 안 된다. 파룬궁(法輪功) 집단은 거짓으로 조작된 내용들을 가지고 길거리에서 인터넷상에서 허위 사실을 유포하며, 인권을 주장하고 있다. 대부분 조작된, 허위 내용들이다. 저들이 얼마나 악한 집단인지, 얼마나 사회에 악영향을 끼치는 집단인지, 그 폐해를 보고 저들의 실체를 분별할 수 있어야 한다.

 이단·사이비종교는 사회의 암적인 존재들이다. 그러한 종교를 분별하여 올바른 생활을 하도록 돕고자 파룬궁 피해 사실을 알리는 사진전을 개최하려고 한다. 올바른 문화 형성을 위해, 사회에 유익을 주지 못하는 사이비종교 집단 관련 집회나 공연은 재고해 주십사 간절히 요청 드리는 바이다.

끝으로

파룬궁 소속 션원 예술단 공연은 제의(祭儀)를 동반한 교주 이홍지에 헌정 공연이며, 사이비종교 포교 목적을 위한 공연이다. 무엇보다 불법 체류자 및 허위 난민신청자들이 다수 존재하는 단체로 반정부 정치활동을 하는 집단이다. 그러니 이러한 공연은 한중관계에도 전혀 도움이 되지 않는다.

제10장 가상 공간에서의 무제한적 가짜 뉴스 생산해 유포

파룬궁 집단에서 포교활동에 이용하고 있는 것이 바로 언론, 문서, 가상 공간이다. 그 가운데에서도 가상 공간을 적극 활용하여 알리고 있다. 파룬궁 뿐만 아니라 대부분의 이단·사이비종교들은 이를 이용하여 그들의 세를 확장시켜 왔다.

현대 사회는 글로벌 사회(global society), 컴퓨터·네트워크 등 지식정보사회이다. 이 사회를 구현하는 핵심 요소는 디지털과 인터넷이다.

인터넷으로 구성되는 사이버 공간은 실시간성과 쌍방향성이라는 공간적 특징으로, 시간과 공간을 뛰어넘어 전 세계를 하나로 묶어주는 역할을 하게 된다.

사이버 시대에는 종교의 역할이나 기능도 변화될 수밖에 없다. 이는 시대적 요구이기도 하다. 그래서 네티즌들이 무엇을 요구하는지 콘텐츠 개발에도 적극적으로 대응하고 있다.

chapter 10

21세기 인류가 낳은 인터넷 문명과 문화는 현대인의 시간과 공간의 개념의 변화를 포함한 삶의 방식 전반을 새롭게 변화시켰다. 이러한 변화는 대부분의 종교들의 포교 방법상 형태에 새로운 변화를 가져오게 되었다.

사이버스페이스(Cyberspace, 예: 홈페이지, cafe, blog... 등 가상 현실)를 기반으로 이루어지는 인터넷 문명과 문화는 그 통용되는 커뮤니케이션의 형태와 속성, 정보의 양과 질이 새로운 특성들을 가지고 현실적인 삶에서의 가치관과 삶의 방식을 바꿔 놓고 있기 때문에 종교계에서 지금까지 통용되어 왔던 기존의 포교 접근 방식으로는 해결하기 어려운 여러 가지 현실적인 어려움을 안고 있다. 그렇기 때문에 이러한 새로운 환경인 사이버 상의 포교 활동을 시작하게 된 것이다.

이단・사이비종교 집단들의 온라인(Online) 상 포교 활동의 문제는 자유스러운 정보의 공유, 자유 분방한 의사 개진과 자기 표현, 열린 마음과 정보, 규제와 단속이 없는 네트워크를 통한 자유로운 정보 흐름의 보장과 컴퓨터와 정보 매체에 대한 무제한적인 접근이 용이하고 어떠한 상황에서도 안전하게 접속하여 이용할 수 있는 단속 없는 개방형 네트워크의 구축으로 전 세계 어디든 누구나 자유롭게 인터넷에 접속하여 원하는 정보를 창출하고 유통하며 획득할 수 있는 중심적인 커뮤니케이션 수단이기 때문이다. 이러한 사이버스페이스 또는 가상 현실에서 비대면적 공동체가 형성이 되고 이것이 곧 현실 모임으로까지 이어지는 경우들이 있어서 고찰해 볼 필요가 있다.

사이버 포교는 사이버 공간을 터전으로 이루어지는 제반 커뮤니케이션과 디지털 콘텐츠로 제공되는 교화 활동을 말한다.

인터넷은 이용주의 의도에 따라 종교적으로 다양한 모습으로 활용될 수 있다. 종교 사이트 개설자들은 대부분 자신이 믿고 있는 종교의 교리나 사상, 혹은 주요 행사에 대한 정보를 게시함으로써 인터넷을 포교의 수단으로 활용한다.

반면 종교 사이트의 이용자들은 거기에서 제공되는 정보를 활용해 개인의 종교 활동을 영위하게 된다. 그들은 강의를 듣거나, 신앙생활에 대한 상담을 하고, 간증을 하며 보다 풍성한 종교생활을 위한 자료를 찾기도 한다.

정부에 공식 등록된 7대 종교 외의 신흥종파들 중 사회적 문제를 야기하는 경우들이 다반사이기 때문에 더욱 주의해야 한다. 그 중에서도 중국 사이비종교인 파룬궁은 이미 본국에서 문제를 일으키고 한국으로 온 경우인지라, 좀 더 자세히 살펴봐야 한다. 자기들은 심신 수련을 한다고 하지만, '신앙의 대상'이 있고, 그것을 믿게 하는 '교리'가 있으며, 그를 따르는 '신도'들이 있다. 이러한 사이비종교 같은 경우, 일반 신도들의 정신적·물질적 피해뿐만 아니라 사회에 미치는 악영향 즉, 역기능적 요소들도 다분하다. 그로 인해 사회적 갈등과 분열을 유발시키고, 그것이 곧 이데올로기로 작용할 수도 있다는 면에서 유의해야 한다.

종교는 그 사회의 문화적 전통과 가치를 지지해 줌으로써 사회적 통합을 도와야 한다. 그것이 곧 종교의 유형 유지 기능이다. 불확실성의 시대에 정서적 지주로서 기능하며 또한 슬픔이나 고통을 겪는 사람들에게는 위로를 주는 역할을 해야 한다. 그러면서 그 사회의 기본적인 가치와 규범을 잘 수행하며 법의 통제에도 순응해야 한다.

chapter 10

　하지만 때때로 신흥 종교나 사이비 종교들에서 현실에 대한 항거와 사회 변동을 일으켜 이데올로기적 기능을 발휘할 때가 있다. 그러면서 내부에서는 유토피아를 제시한다. 신도들은 그런 오아시스 같은 꿈을 꾸며 나약하고 수동적인 존재로 전락하게 되는 것이다.
　또한 경계선인 바운더리(Boundary) 밖 세계는 공격의 대상으로 설정해 놓고 끊임없이 내부 결속을 다지며, 사회적 분열과 갈등을 유발시킨다. 이는 기존 사회 질서를 해체하거나 전복시키려는 의도의 발로이다.

　사이버스페이스의 출현으로 인하여 인터넷이 야기하는 사회적 변화가 매우 빠르게 진행되어 그에 대한 적응에 어려움을 겪는 종교나 단체들도 많이 있다. 하지만 대개의 경우 자신들의 이익을 보호하고 각자의 영역을 확보하고자 경쟁하고 나아가 확대하는 수단으로 인터넷을 이용하는 경우들이 다반사이다. 인터넷은 피상적인 차원의 범세계적 연대를 확보하여 그 집단의 세력을 확장할 수 있는 도구로 작용할 수 있다. 그렇기 때문에 사이버 공간은 포교의 신대륙과도 같다. 그래서 각 단체들에서 일부러 사이버 팀을 운영하며 집단 선전에 열을 올리는 것이다.

　세계는 인터넷을 통해 하나의 그물망으로 연결되어 있으며 거의 대부분의 일이 컴퓨터와 인터넷으로 처리되고, 사회의 주요 이슈와 여론 또한 인터넷이 만들어낸 가상 공간에서 생산 유통되고 있다. 종교계도 세계적인 규정력을 가지고 전파되는 이러한 흐름에 편승해 영역 확장을 해나가고 있다.
　인터넷을 이용하는 사람들의 이용 시간, 몰입 정도에는 차이가 있겠지만, 인간의 삶에 있어서 사이버스페이스가 중심적인 소통 공간이 되었다. 뉴스, 문헌 정보 및 업무 관련 정보, 재테크 정보의 수집 그리고 E-mail

이용, 취미/오락, 쇼핑, 인터넷 게임, 채팅, 교육, 경매, 증권거래, 홈뱅킹, 구인/구직 등, 인터넷의 이용 용도가 정보 검색 및 획득에서 이제는 일상생활의 영위까지 이루어지고 있다.

이처럼 대부분의 일이 컴퓨터와 인터넷으로 처리되고, 사회의 주요 이슈와 여론 또한 인터넷이 만들어낸 가상 공간에서 생산 유통되고 있는 현실에 사이버스페이스의 비중과 중요성은 더욱 커졌으며 종교 활동도 마찬가지이다. 탈 시공간성·익명·탈 맥락성을 기본적 특성으로 하고 있기 때문에, 사이버 공동체는 인터넷의 기본적 특성들을 토대로 현실의 공동체와는 다른 공간적 구속이 없는 공동체로 언제든지 형성될 수 있다.

뿐만 아니라 공동체 구성원들이 동일한 공간에 머물러 있을 필요도 없다. 따라서 사이버 공동체는 구성원의 수에 제약받지 않으며, 공간의 구속도 받지 않는다. 그리고 공통의 관심사(common interest)에 기반을 두고 있다. 사이버 공동체는 개개인이 가지고 있는 관심사가 다른 사람들과 공유되어 있고, 그들과의 상호 작용을 통해 자신이 가지고 있는 관심사가 유지되고 재생산될 수 있기 때문에 형성되고 유지된다.

현실 세계의 공동체나 집단은 경계의 구분이 가시적이고 명확한 반면 사이버 공동체는 가입과 탈퇴가 자유로운 열린 공동체이다. 마음만 먹으면 언제든지 공동체 성원이 될 수 있고, 또 그 공동체에서 자신의 관심사를 충족시킬 수 없을 때는 언제든지 탈퇴가 가능한 열린 경계를 가진 공동체이다.

사이버 공동체에서는 성원으로서의 의무감이 존재하지 않으며, 다른 사

chapter 10

람들과의 관계를 지속적으로 유지시켜야 할 필요성도 강제되지 않는다. 이와 함께 사이버 공동체는 사적 이익을 추구하기보다는 다른 사람에게서 얻은 만큼 다른 무엇(정보, 감정적·정치적 지지 등)을 주는 호혜주의에 기반하고 있다. 이와 같은 인터넷과 사이버 공동체의 특성들은 인터넷을 통해 변화하고 있는 개인의 종교생활 곳곳에서 배어나고 있다.

특히, 종교 집단에서는 시간과 공간에 구애받지 않고 그 누구의 간섭도 없이 자신의 목소리를 세상으로 내보낼 수 있는 자신들만의 미디어를 확보할 수 있다는 면에서 영역 확장에 유용하게 활용하며 영향력을 행사하기도 한다.

인터넷은 교주가 해외에 있다 해도 서로 멀리 떨어져 고립되어 있는 신도들을 묶는 수단으로 사용되며, 그들의 종교적 욕구 해소나 문제에 대한 상호 의사 교환 수단으로도 활용되는 것은 물론 다양한 포교의 수단으로, 종교 활동의 공간이 되기도 한다. 그들의 사이트를 통해 자신들이 믿고 있는 교리나 사상, 혹은 주요 행사에 대한 정보를 게시함으로써 인터넷을 포교의 수단으로 활용하는 것이다.

이렇듯 인터넷이 가지고 있는 익명성과 다양성, 현실의 사회적 제약들로부터 벗어날 수 있다는 탈 맥락성은 신흥 종교들이 교단을 형성하는 데까지 적극적으로 활용되었다.

이들에게 인터넷은 더 이상 단순한 포교나 종교 활동의 수단이 아니라 자신들의 존재를 확인할 수 있는 기반인 것이다. 인터넷을 통해 다양한 종교 체험이 가능하다는 점도 빼놓을 수 없다.

각 종교별 사이트 개설을 보면, 인터넷 사이트나 카페는 기독교가 거의 80%를 차지하고, 다음은 천주교, 불교 순이다.

불교 사이트의 경우는 종류별로 종합정보센터, 불교신문 및 방송, 국내 사찰, 국내 불교단체, 국내 불교미술, 국내 개인 홈페이지와 각종 주제별 사이트 등으로 나눠볼 수 있으며, 기독교는 종류별로 문화 예술, 교육·학교·기독교 세계관, 건강·병원, 언론출판, 교회·선교단체 등으로 나눠볼 수 있다. 천주교 서울 대교구의 가톨릭 굿뉴스(goodnews)는 수십여 개의 수도회 사이트를 등록하고 있는데, 해외의 네트워크를 포함하면 천주교는 세계 종교 가운데 가장 정보화된 종교이다.

유교의 이름으로 검색된 사이트는 대부분이 건축 또는 학계의 것이다. 원불교는 4개의 카테고리에, 일부 중복되는 사이트를 제외하면, 100개 안팎의 사이트가 존재한다. 기타 비교적 많이 알려진 증산도나 무속 역시 다양한 사이트를 개설해 활동하고 있다.

교세와 사이트 수가 일치하는 것은 아니지만, 숫자에 있어서는 현실 공간에서의 우위가 사이버 공간에서도 지속되고 있는 것이 확인된다.

전반적으로 종교 사이트의 콘텐츠는 불특정 다수를 향해 해당 종교의 교리나 행사 등을 알리는 홍보성 콘텐츠가 대부분을 차지하고 있다. 또한 인터넷을 현실 공간의 연장선으로 파악하고, 현실에서 부족한 내부 성원들을 위한 커뮤니케이션 통로로 활용하려 한다는 점을 들고 있다. 상담, 문의, 정보 제공 등 국제적인 네트워킹을 통한 지구적 차원으로의 외연 확대도 두드러져 보인다.

이렇게 보편적 생활 도구가 된 인터넷은 기본적으로 개방형 구조이다.

chapter 10

누구나 정보를 생산할 수 있지만 어느 누구도 그것을 완벽하게 규제할 수 없으므로 잘만 활용하면 현실세계에서는 보기 드문 포교활동의 공간을 창조할 수 있지만, 제도권에서 제 목소리를 내지 못했던 사이비종교 집단이 검증되지 않은 정보를 무한대의 가상 공간에 유포시켜 막대한 피해를 줄 수도 있다.

실제로 일부 네티즌들이 인터넷의 개방성과 익명성에 편승해 부적절한 사이버 여론을 형성하는 일은 사이버스페이스 상에서 비일비재함을 우리는 수차례 목격했다.

가상 공간에서의 무제한적 가짜 뉴스 생산해 유포하는 행태는 종교로서의 기능보다, 다른 목적을 가지고 여론몰이를 위해 사이버 공간을 이용하는 것이라 할 수 있다.

제11장 한국과 중국 사회의 비교

여러 상황들로 보아 역사는 쓰이면서 변화되어 간다. 나라와 나라와의 관계도 마찬가지이다. 그렇기 때문에 과거에 묶여서만 있게 된다면 미래를 보장받기 어렵게 된다. 국익을 위해서는 상대국을 실리외교 상대로 받아들여야 한다.

우리나라의 경제 부분에 있어서 가장 으뜸 공원국이 어느 나라인가? 그렇기 때문에 우리는 미국 쪽만도 아닌 중국 쪽만도 아닌 중간 입장에서 명분과 국익을 모두 챙기면서 실리를 추구해 가며 서 있어야 한다.

상처나 아픈 기억들의 과거 역사에 머물기보다 과거를 딛고 미래를 향해 크게 원을 그리며 포용하는 자세로 다가설 때 진정한 국교가 수립되는 밑거름이 될 것이다.

한중간의 관계를 비롯해 세계 각 국이 진정한 자세로서 동반자적인 관

chapter 11

계를 수립할 때 세계 각 국민들이 서로 신뢰할 수 있게 되고, 어느 나라를 서로 오고 가든지 친구 같은 우호적인 아름다운 분위기가 형성될 것이다. 또한 마음과 영혼까지 담은 하나의 지구촌이 이루어져 나가게 될 것이고 살만한 세상이 되어갈 것이다.

사이비종교 문화포교의 위험성
(파룬궁 선원 예술단 공연을 중심으로)

Copyright ⓒ KEUN SAM 2019

초판 2쇄 발행 _ 2019년 4월 5일
지 은 이 _ 오 명 옥
펴 낸 이 _ 오 명 옥
펴 낸 곳 _ 큰샘출판사

출판등록 _ 제2014-000051호(1995. 3. 10)
주   소 _ 서울시 영등포구 도신로 244
전   화 _ 02) 6225-7001~3
팩   스 _ 02) 6225-7009

ISBN : 978-89-89659-43-3   03200

★ 정가 8,000원

파본은 교환해 드립니다.
이 출판물은 저작권법으로 보호받는 저작물이므로 무단 전재나 무단 복제를 할 수 없습니다.

이 도서의 국립중앙도서관 출판 예정 도서 목록(CIP)은 서지 정보 유통 지원 시스템 홈페이지(http://seoji.nl.go.kr)와 국가 자료 종합 목록 시스템(http://www.nl.go.kr/kolisnet)에서 이용하실 수 있습니다. (CIP제어번호 : CIP2019008818)